NOUVELLES MYTHOLOGIES

Collection dirigée par
Mazarine Pingeot et Sophie Nordmann

Interroger la norme, la représentation, les poncifs, révéler, au-delà de leur apparente évidence, la construction sociale qui les sous-tend, tel est le travail critique de ces « Nouvelles mythologies », des enquêtes, des essais, des récits placés sous l'égide de Roland Barthes pour observer, décrire et comprendre notre temps.

DU MÊME AUTEUR

NTM de A à Z, avec Estelle Surbranche, Prélude et fugue, 2003

En quarantaine, avec Christophe Miossec, Flammarion, 2007

Rock Strips, collectif, Flammarion, 2009

Jimi Hendrix. Electric life, City éditions, 2010

Bob Dylan, au-delà du mythe, City éditions, 2011

Rock Strips. Come back, collectif, Flammarion, 2011

Sex & Sex & Rock & Roll, avec Luz, Flammarion, 2013

Platine, roman jeunesse, Flammarion, 2014

VINCENT BRUNNER

Les super-héros
Un panthéon moderne

essai

Robert
Laffont

ISBN 978-2-221-20319-4
Dépôt légal : octobre 2017

À Séverine « Mockingbird » Texier.
À Marie Brunner (1919-2017),
super-héroïne familiale

« Car ceci est le secret de l'âme : quand le héros a abandonné l'âme, c'est alors seulement que s'approche en rêve – le super-héros. »

Friedrich Nietzsche,
Ainsi parlait Zarathoustra

« Il n'y avait rien. Puis il y eut tout. Un tourbillon de paillettes créatrices autour de soleils féconds. Et là… on a foncé vers la lumière. »

Jonathan Hickman,
Avengers World

SOMMAIRE

Avant-propos

En 1962 lors d'une conférence avant-gardiste donnée à Rome, l'écrivain et intellectuel italien Umberto Eco explique que Superman ne peut prétendre au statut de héros mythologique au même titre qu'Hercule. « Une statue grecque pouvait représenter Hercule ou une scène des travaux d'Hercule ; dans les deux cas [...], Hercule était vu comme quelqu'un qui avait eu une histoire, laquelle caractérisait sa physionomie divine. L'histoire s'était produite, peu importait comment, elle ne pouvait plus être niée. » Si Superman présente les caractéristiques du surhomme héroïque (la force phénoménale, les sens prodigieux, l'invincibilité) et peut revendiquer d'en être l'archétype, une contradiction inhérente à son développement l'empêche d'être un mythe inaltérable. Parce que ses aventures sont créées et existent dans « le monde du roman », en épisodes indépendants et *comic books** distincts, Superman se consumerait à chacune de ses actions, se rapprochant un peu de la mort comme celles et ceux qui suivent ces mêmes aventures. En conséquence, son histoire ne serait jamais totalement fixée, ce qui représenterait un frein à toute mythification.

Quand Umberto Eco donne cette conférence – le texte sera plus tard compilé dans *De Superman au surhomme*[1] –, Superman a été créé il y a une vingtaine d'années. S'il a déjà été le protagoniste de milliers de pages de BD, a eu droit à une série radio, des dessins animés et un long-métrage au cinéma, il n'a pas encore obtenu la célébrité que les films de 1979, 1980, 1983, 1987 lui accorderont. Le récit de sa mort n'a pas encore poussé trois millions d'Américains à acheter le même comic book, comme cela arrivera en novembre 1992. À part pour de rares intellectuels ouverts aux lectures populaires comme Eco, Superman et les autres super-héros sont considérés par l'opinion

* Les définitions des termes suivis d'un astérisque se trouvent dans un glossaire p. 137.

générale comme un divertissement pour enfants, voire comme le véhicule d'une invasion culturelle américaine. Quand Umberto Eco compare héros mythologiques et Superman, en tant que lecteur il n'a connu que ce qui est désormais considéré comme l'âge d'or des super-héros (1938-1950), la période fondatrice où ces figures de papier sont unanimement considérées comme vertueuses et animées de bonnes intentions. D'ailleurs, en 1962, une bonne partie des super-héros Marvel, parmi les plus populaires de notre époque, n'existent pas encore (Spider-Man, Iron Man, Avengers, X-Men, Deadpool, etc.).

Plus d'un demi-siècle plus tard, ces super-héros si méprisés dans les années 1950-1960 sont désormais pris au sérieux, d'abord en raison de leur potentiel commercial. Les films *Avengers* (2012), *Avengers : Age Of Ultron* (2015) et *Iron Man 3* (2013) font partie des films les plus rentables de tous les temps, et Hollywood ne semble pas près d'épuiser le filon. Surtout, les histoires des super-héros s'étalent sur un demi-siècle, voire sept décennies pour les plus anciens. Le corpus atteint désormais des dimensions incroyables, certains super-héros ayant été l'objet de plusieurs séries parallèles et de relaunchs*. Leurs aventures ont désormais gagné en complexité et accompagné un public qui, en vieillissant, a pu voir d'habiles métaphores dans les figures super-héroïques, quand il n'a pas projeté sur eux des sentiments personnels. Avec le temps et le succès, la pop culture à laquelle les super-héros appartiennent (comme la science-fiction, les jeux vidéo, les mangas, etc.) a gagné considération et respect.

Pour le public contemporain, constitué d'enfants mais aussi d'adultes, l'histoire de certains super-héros, à force d'être rabâchée, revisitée à coup de *reboots** et de variations, est désormais en partie établie – la piqûre d'araignée radioactive qui transforme Peter Parker en Spider-Man, l'assassinat des parents de Bruce Wayne, instant déclencheur de la vocation de Batman, etc. Pour reprendre Umberto Eco, dans l'esprit du public, cette partie fondatrice de leur histoire ne peut plus vraiment être niée. Calqués en partie sur le panthéon grec, ces personnages forment désormais une mythologie dans son acception traditionnelle, mais aussi dans celle du sémiologue Roland Barthes. Avec leur iconographie colorée où le pouvoir s'accompagne du port d'un costume et un goût pour les postures athlétiques, les super-héros sont de grandes représentations collectives de notre vie quotidienne. Produits de notre histoire et de notre société, ils expriment une foi inébranlable dans la justice. Leurs aventures sont moins destinées à nous faire croire en l'existence de surhumains qu'en les vertus du dépassement.

Angle interview =

→ société en manque de héros ?

→ Adolescence ? (symptôme) → sexualité mobile.

→ Crise de foi + dieux monde sans Dieu ? - Rebondir chap. Nietzsche.

(+) Aborder transhumanisme en ouverture.

→ 1 quest° doppelganger

+ Rattacher adaptation Watchmen par réal The Leftovers.

I

De quoi les super-héros sont-ils le nom ?

Des pouvoirs livrés avec le costume

Quand on déambule dans une convention dévolue aux comics telle que la Comic Con Paris, au milieu des stands le spectacle est aussi dans le public. Celui-ci, qu'il soit enfant, adolescent ou adulte, s'adonne au plaisir du déguisement, du cosplay. Si le cosplay est réussi, il peut attirer l'attention au point que d'autres visiteurs éprouvent l'envie de prendre en photo le cosplayer ou la cosplayeuse. Vu la concentration qu'un tel rassemblement peut susciter, les cosplays les plus réussis créent ainsi souvent des attroupements. Imaginons un père de famille et sa fille de huit ans. Le premier est déguisé en Superman tandis que l'enfant est en costume de Spider-Man. Comme ils rencontrent un certain succès, ils prennent des poses devant les photographes professionnels et amateurs.*

« Entre Superman et Spider-Man, demande la gamine, qui est le plus fort ?

— *Superman, bien sûr, il a plus de pouvoirs.*
— *Il a aussi le sixième sens de l'araignée ?* »

Collants ou leggings en Lycra, haut et pantalon en cuir, cape, masque, cotte de mailles : le super-héros se distingue d'abord par un uniforme coloré et moulant, fabriqué en une matière souple et résistante. Ce costume est le signe extérieur le plus évident de son statut et une éventuelle source de raillerie (attention à ne pas se prendre les pieds dans la cape). Il constitue un accessoire si indispensable qu'il vire à la métonymie, permettant d'identifier d'un coup d'œil celle ou celui qui le porte comme une personne sortant de l'ordinaire, auto-investie d'une fonction super-héroïque. Le costume a aussi un effet dissuasif auprès des potentiels contrevenants à la loi et participe d'une lutte psychologique relevant de l'intimidation. Quand Bruce Wayne se déguise pour la première fois en homme chauve-souris, c'est avant tout pour instiller la peur chez ceux qui, la nuit, croiseront sa silhouette.

Par pragmatisme, les super-héros ont souvent recours à une double identité. Pour se préserver, protéger leurs proches ou leur activité professionnelle, ils tentent d'établir un strict cloisonnement entre leur nom de citoyen et celui de leur alter ego costumé. Ainsi, Bruce Wayne, Peter Parker et Oliver Queen restent extrêmement discrets sur le fait que, une fois le danger survenu, ils enfilent le costume de Batman, Spider-Man ou Green Arrow. L'état civil des super-héros a longtemps constitué un enjeu. Avant que son secret soit éventé et qu'il s'en serve comme d'un argument marketing, Tony Stark a fait croire qu'Iron Man était son garde du corps (même à ses amis les Avengers). Spider-Man a été démasqué plusieurs fois mais, par la grâce de retours en arrière et de reboots, Peter Parker mène une vie (presque) normale. Pour des raisons inverses, certains super-héros se créent, eux, un alias civil, pour mieux se fondre dans la société. Superman joue le rôle de Clark Kent, journaliste binoclard peu courageux, Wonder Woman prend l'identité de l'infirmière Diana Prince. Une minorité de super-héros ne fait, elle, pas mystère de sa véritable identité – les Quatre Fantastiques, Captain America. Quant aux X-Men, ils adoptent un nom de mutant mais sans occulter leur patronyme.

La condition sine qua non de la construction d'un personnage super-héroïque semble être la jouissance de facultés littéralement extraordinaires, d'aptitudes surhumaines physiques et psychiques, voire carrément magiques.

NOM	ÉTAT CIVIL	SUPER-POUVOIRS	DATE DE CRÉATION	CRÉATEURS
Superman	Kal-El alias Clark Kent	Invincibilité, vol, super-vue, super-ouïe, etc.	1938	Jerry Siegel, Joe Shuster
Batman	Bruce Wayne	Aucun.	1939	Bob Kane, Bill Finger
Captain America	Steve Rogers	Facultés humaines optimales grâce au super-sérum.	1940	Joe Simon, Jack Kirby
Flash	Jay Garrick	Super-vitesse.	1940	Gardner Fox, Harry Lampert
	Barry Allen	Idem.	1956	Bob Kanigher, Carmine Infantino
Captain Marvel[1]	Billy Batson	Invulnérabilité, réflexes surhumains, etc.	1940	C.C. Beck, Bill Parker
Green Arrow	Oliver Queen	Aucun mais habileté au tir à l'arc.	1941	Mort Weisinger, George Papp
Wonder Woman	Diana Prince	Super-force, vol, lasso magique, etc.	1941	William Moulton Marston, H.G. Peter
Aquaman	Arthur Curry	Adaptation à la vie sous-marine, télépathie avec faune aquatique.	1941	Mort Weisinger, Paul Norris
Supergirl	Kara Zor-El	Force surhumaine, vol, vision à rayons X, etc.	1959	Otto Binder, Al Plastino

Fantastic Four			1961	Stan Lee, Jack Kirby
Mr Fantastic	Reed Richards	Élasticité.		
Invisible Girl	Susan Storm-Richards	Invisibilité, champs d'énergie.		
Human Torch	Johnny Storm	Inflammation de son corps, vol, « pyrokinésie ».		
The Thing	Ben Grimm	Force surhumaine, corps en pierre.		
Ant-Man	Henry « Hank » Pym	Miniaturisation/agrandissement, communication avec les fourmis.	1962	Stan Lee, Larry Lieber, Jack Kirby
	Scott Lang	Idem.	1979	David Michelinie, John Byrne
Spider-Man	Peter Parker	Agilité et sixième sens de l'araignée.	1962	Stan Lee, Steve Ditko
Hulk	Bruce Banner	Force surhumaine.	1962	Stan Lee, Jack Kirby
Thor	Donald Blake	Force surhumaine, voyage interdimensionnel (grâce à son marteau).	1962	Stan Lee, Larry Lieber, Jack Kirby
	Jane Foster	Idem.	2014	
Iron Man	Tony Stark	Force surhumaine, vol supersonique grâce à l'armure.	1963	Don Heck, Stan Lee, Larry Lieber, Jack Kirby
X-Men			1963	Stan Lee, Jack Kirby
Professeur X	Charles Xavier	Télépathie.		

NOM	ÉTAT CIVIL	SUPER-POUVOIRS	DATE DE CRÉATION	CRÉATEURS
Cyclops Marvel Girl The Beast Angel Iceman	Scott Summers Jean Grey Hank McCoy Warren Worthington Bobby Drake	Rayons d'énergie. Télépathie, télékinésie. Agilité surhumaine, super-force. Vol (grâce à ses ailes). Maîtrise et création de glace.		
The Wasp	Janet Van Dyne	Miniaturisation de son corps, contrôle télépathique des insectes.	1963	Stan Lee, Jack Kirby
Dr Strange	Stephen Strange	Maîtrise de la magie, pouvoirs mystiques.	1963	Stan Lee, Steve Ditko
Daredevil	Matt Murdock	Sens ultra-développés, super-radar.	1964	Stan Lee, Bill Everett
Black Widow	Natasha Romanoff	Aucun mais force athlétique, maîtrise des arts martiaux.	1964	Stan Lee, Don Rico, Don Heck
Hawkeye	Clint Barton	Aucun mais habileté au tir à l'arc.	1964	Stan Lee, Don Heck
Black Panther	T'Challa	Force, agilité, sens accrus.	1966	Stan Lee, Jack Kirby
The Silver Surfer	Norrin Radd	Pouvoir cosmique, invulnérabilité.	1966	Stan Lee, Jack Kirby
Falcon	Sam Wilson	Super-force, vol, contrôle mental des oiseaux.	1969	Stan Lee, Gene Colan

Luke Cage	Carl Lucas	Super-force, facteur guérisseur.	1972	Archie Goodwin, John Romita Sr
Iron Fist	Daniel Rand	Maîtrise des arts martiaux, contrôle du « chi ».	1974	Roy Thomas, Gil Kane
Wolverine	James « Logan » Howlett	Griffes, corps en métal et facteur guérisseur.	1974	Len Wein, John Romita Sr
X-Men			1975	Len Wein, Dave Cockrum
Storm	Ororo Munroe	Manipulation des éléments météorologiques.		
Colossus	Piotr Rasputin	Transformation de son corps en acier, super-force.		
Nightcrawler	Kurt Wagner	Téléportation.		
Legion	David Haller	Télépathie, déformation de la réalité.	1985	Chris Claremont, Bill Sienkiewicz
Deadpool	Wade Wilson	Facteur guérisseur, force et endurance accrues.	1991	Rob Liefeld, Fabian Nicieza
Spawn	Al Simmons	Force surhumaine, immortalité.	1992	Todd McFarlane
Hellboy	Anung un Rama	Super force, régénération, main droite en pierre.	1993	Mike Mignola
Ms. Marvel	Kamala Khan	Changement d'apparence, autoguérison.	2013	G. Willow Wilson, Adrian Alphona

Reprise du dialogue entre le père et l'enfant. La fille réfléchit :

« Si Superman est le plus fort, c'est moi qui aurais dû m'habiller en Superman.

— Mais on ne peut pas vraiment les comparer, nuance son père. Spider-Man et Superman ne sont pas pareils, Superman vient de Krypton, pas de la Terre comme Spider-Man. »

Ces facultés hors norme n'ont pas toutes la même histoire, ne concernent pas la même population. Elles sont d'origine extraterrestre pour Superman (jeté dans un vaisseau par ses parents pour échapper à la destruction de la planète Krypton), Martian Manhunter (originaire de Mars), le Surfer d'argent (de la planète Zenn-La), Captain Marvel[2] (de la planète Kree-Lar), les Gardiens de la Galaxie (tous extraterrestres, même à moitié comme Star Lord). Bien qu'humains, certains ont été créés par une race extraterrestre (les Inhumains, fruit d'une mutation opérée par les Krees), ont vu leurs gènes mêlés à ceux d'un extraterrestre (la première Miss Marvel, Carol Danvers). Certains terriens ont hérité d'un artefact extraterrestre (l'anneau de Green Lantern, le casque de Nova) qui les a dotés d'un pouvoir extraordinaire.

Directement tirés de mythologies préexistantes, d'autres héros tiennent leurs aptitudes d'une source divine. Wonder Woman est liée à l'Olympe : elle grandit au sein des Amazones, peuple de femmes guerrières placées sous la protection d'Aphrodite et d'Athéna après avoir lutté contre Hercule. Son prénom est Diane, déesse de la Chasse dans la mythologie romaine – équivalent de la grecque Artémis. Hercule lui-même, fils de Zeus et demi-dieu, devient un personnage Marvel et un membre des Avengers, comme Arès (par ailleurs ennemi des Amazones de Wonder Woman). Hawkman est la réincarnation d'un ancien prince égyptien. Thor, le « faiseur de tonnerre »[3], appartient à la mythologie viking et tire sa force du marteau Mjöllnir que lui seul est digne de porter. Dans la série qu'ils lui consacrent, Stan Lee et Jack Kirby annexent des pans entiers de la mythologie scandinave tels que le Ragnarök, la fin du monde, le Bifrost, le pont arc-en-ciel qui relie Asgard, le royaume des dieux, et Midgard, la terre des hommes. Beaucoup des personnages secondaires sont aussi tirés du panthéon viking. Odin, le père de Thor et le plus ancien des dieux, représente l'autorité suprême. Adopté par Odin mais fils du géant des glaces Laufey, Loki symbolise la discorde, la ruse, la séduction. S'il s'oppose quasi constamment à

Thor en utilisant tous les stratagèmes possibles (en premier lieu la sorcellerie), son rôle se révèle paradoxal tant les conséquences de ses complots sont inattendues. Ses mauvaises actions ont des effets positifs : alors qu'il manipule le colosse Hulk, plusieurs super-héros (Iron Man, Thor, The Wasp, Ant-Man) unissent leurs forces pour l'arrêter… Dans la foulée, ils forment les Avengers[4]. L'univers Marvel intégrera également le personnage de la Valkyrie, qui accompagne au Valhalla les valeureux guerriers tombés au combat pour qu'ils goûtent au repos. Importé de la mythologie mésopotamienne, Gilgamesh, demi-dieu et héros de l'Antiquité, rejoint un temps les Avengers.

Les super-pouvoirs peuvent être la conséquence de la génétique. Ceux des X-Men et des autres mutants, présentés comme des « *Homo superior* », seraient la conséquence de l'activation, souvent à l'adolescence, d'un « gène X » qu'ils possèdent depuis la naissance. Un postulat basé sur l'étude de l'évolution biologique et de l'ADN, mais en partie fantasmagorique. Dans l'univers Marvel, les mutants « de niveau oméga » sont ceux dont le potentiel génétique atteint sa réalisation maximale. La nouvelle Miss Marvel a, elle, été transformée en Inhumaine après l'activation de ses pouvoirs par une brume tératogène (qui provoque un développement cellulaire anormal).

Une petite fraction des personnages possède des facultés strictement magiques. Le Dr Strange maîtrise les arts mystiques, comme la Sorcière rouge et, avant eux, le Doctor Fate de DC Comics, le premier Green Lantern (qui tire ses pouvoirs d'une bague) ou le Captain Marvel de 1940.

L'aptitude surhumaine peut être d'origine totalement accidentelle. Un changement de métabolisme survient après une exposition à des vapeurs d'eau lourde (The Flash), à des rayons gamma (Hulk), à des rayons cosmiques (Fantastic Four), à un produit radioactif (Daredevil), etc. Le sabotage d'une expérience (Luke Cage), l'explosion d'une fusée (Captain Atom chez l'éditeur Charlton Comics), une désintégration (Dr Manhattan dans *Watchmen*)… le hasard crée le destin. Au contraire, les super-pouvoirs peuvent être le fait de l'homme. Steve Rogers devient Captain America après qu'un super-sérum lui a été injecté. Certains super-héros (la première Torche humaine de 1939, La Vision, Deathlok, chez Marvel, Cyborg chez DC Comics) sont des androïdes, des cyborgs, des intelligences artificielles. Milliardaire ayant fait fortune en inventant des armes, Tony Stark tire ses pouvoirs de l'armure d'Iron Man qu'il a fabriquée.

La capacité d'autoguérison de Deadpool et les griffes de Wolverine sont le résultat d'expérimentations qu'ils ont subies. Que ces transformations soient accidentelles ou non, elles sont le produit d'une rencontre du génome humain avec des technologies nouvelles et expérimentales.

L'enfant déguisée en Spider-Man aperçoit deux cosplayers en train de faire un concours de selfies. L'un est déguisé en Zorro, l'autre porte un costume de Batman.

« Lui, ce n'est pas un super-héros, hein, avance l'enfant, dubitative, en montrant Zorro. Batman, oui !

— Et un des plus vieux, complète son père.

— Comment ça, vieux ? Et c'est quoi, son super-pouvoir ? »

Publié pour la première fois en 1939, le personnage de Batman (de *bat*, « chauve-souris » en anglais) est vite devenu une des figures de proue de DC Comics avec Superman, conçu un an auparavant. Ses créateurs ont d'ailleurs satisfait une demande de l'éditeur qui, vu le succès du premier, voulait un autre personnage du même type. Inspiré par l'aspect de l'acteur Béla Lugosi dans *Dracula* et un croquis de machine ailée de Léonard de Vinci, c'est surtout l'inquiétant costume de chauve-souris, avec cape tourbillonnante, qui sort Batman de la norme. Celui qui se cache sous le masque, Bruce Wayne, n'est cependant qu'un homme, intelligent et en excellente condition physique. Il maîtrise les arts martiaux (la bagarre, en général), invente des gadgets technologiques. Comme il a hérité de ses parents (assassinés sous ses yeux), il met d'énormes moyens financiers au service de son arsenal et de ses infrastructures (la Batcave, etc.). Ses pouvoirs sont donc naturels et c'est un motif très humain – la vengeance – qui déclenche sa vocation de justicier, tel avant lui le comte de Monte-Cristo. Pourtant, à l'instar de Blue Beetle (« scarabée bleu ») né aussi en 1939, il est rangé du côté des super-héros, un classement dû à son costume, à l'époque où il naît et à sa proximité éditoriale avec Superman… comme s'il avait gagné ce statut par contagion. Créés après Batman, certains de ses collègues d'exploits s'inscrivent dans l'histoire éditoriale américaine des super-héros mais, à l'image de l'homme chauve-souris, s'appuient sur des facultés ordinaires potentialisées au maximum : Green Arrow, Nick Fury, Black Widow, Hawkeye, Black Panther ou le Punisher, soldat surentraîné…

Créé vingt ans avant Batman par l'Américain Johnston McCulley dans un feuilleton pour la gazette *All-Story Weekly*, Zorro (« renard » en espagnol) partage avec lui plusieurs traits : le masque, la double identité (Zorro est Don Diego de la Vega, un fils de bonne famille), la cape, l'agilité, etc. Rien de surprenant : Bob Kane et Bill Finger ont raconté s'être inspirés en 1939 du premier film mettant en scène Zorro, daté de 1920. La filiation est mise en évidence : les parents de Bruce Wayne sont tués après avoir emmené leur fils au cinéma voir *The Mark of Zorro*. Pourtant, Zorro n'a jamais été considéré comme un super-héros, il ne bénéficie pas du même privilège que Batman. The Spirit, justicier masqué qui joue aussi sur sa double identité (Denny Colt/The Spirit), The Phantom (le Fantôme du Bengale en VF) ou Tarzan, considéré par Martin Winckler comme un précurseur majeur des super-héros[5], sont dans la même situation. Parmi les autres personnages des feuilletons populaires qui peuvent revendiquer le statut de proto-super-héros, certains sont français. Un spécialiste de la BD américaine, Xavier Fournier, cite Fantomas ou Rocambole, justicier créé par Pierre Alexis Ponson du Terrail en 1857. « Il a le fonctionnement d'un Batman [...] et a comme ennemie la Belle Jardinière, qui utilise un arsenal de fleurs empoisonnées… C'est Poison Ivy, l'ennemie de Batman, des décennies avant[6] ! » Créée par la romancière Renée Gouraud d'Ablancourt en 1909, l'Oiselle, vraie ancêtre d'Iron Man, vole au moyen d'ailes artificielles et utilise des gadgets. Inventé en 1911 par l'écrivain Jean de La Hire, le Nyctalope, en plus de la capacité de vision nocturne, possède un cœur artificiel. Certains remontent même jusqu'à Rodolphe, le personnage principal des *Mystères de Paris* d'Eugène Sue datant du milieu du XVIIIe siècle[7].

Qu'il s'agisse de simples hommes ou d'extraterrestres, la référence mythologique reste cachée sous le collant. Mais elle est bien présente. En inventant Superman, Jerry Siegel a affirmé que le personnage se voulait l'égal d'un Samson ou d'un Hercule. De même pour Flash, conçu comme une « réincarnation du dieu Mercure », avec des ailes sur son casque pour mieux suggérer son ascendance. En plus des rayures rouges et blanches du drapeau américain (dans un sens vertical) sur son costume, Captain America porte des ailes miniatures (allusion encore une fois à Mercure) et la présence d'un pentacle sur sa poitrine ajoute une autre symbolique, celle « des cieux et du but divin auquel aspire l'humanité depuis la nuit des temps », comme le note Aurélien Lemant[8]. Pour se transformer en Captain Marvel (celui de Fawcett Comics), le garçon, Billy Batson, doit prononcer le mot « Shazam » qui constitue l'acronyme de Salomon, Hercule, Atlas, Zeus, Achille, Mercure.

Autre source d'analogie : en se regroupant en équipes, les héros forment à leur tour des panthéons. La plus ancienne, la Justice Society of America, instituée par l'éditeur All-American Publications en 1940, réunit huit super-héros : Flash, Green Lantern, le Spectre, Hawkman, Dr Fate, Hourman, Sandman, Atom. Lui succède chez DC Comics en 1960 la Justice League of America qui s'en inspire directement avec des personnages poids lourds comme Superman, Batman, Wonder Woman, Aquaman, Flash, Green Lantern et J'onn J'onzz. En 1963, Marvel contre-attaque avec sa propre équipe, les Avengers. Permettant une action démultipliée, les *teams* verront au fil des décennies leur nombre croître de manière exponentielle avec les Fantastic Four (équipe dont le noyau est familial), les X-Men, les Defenders, les Teen Titans, les Nouveaux Mutants, Suicide Squad, X-Factor, X-Force, etc. L'éditeur Marvel a pris l'habitude, à chaque relaunch, de changer le casting des équipes-phares. Ainsi, on estime à une centaine les membres, anciens ou actuels, des X-Men ou des Avengers, sachant que plusieurs formations coexistent.

Enfin, pour que le super-héros existe, un danger doit se présenter, très souvent incarné par des ennemis bien identifiés, des personnifications du mal. Sans le Joker, Lex Luthor ou le dieu Arès, Batman, Superman et Wonder Woman s'ennuieraient. Comme les Fantastic Four, Spider-Man ou Thor, dont les aventures seraient fades si le Dr Doom[9], le Dr Octopus, Loki et bien d'autres en étaient absents. La présence de ces Némésis têtues et imaginatives reste un indispensable moteur. Ces personnages renvoient aux héros un reflet parfois énigmatique, tel Bizarro, double imparfait de Superman, doté des pouvoirs de l'original mais, pour certains, inversés (non doté de la « super-vue », il peut voir derrière lui).

La justice, notion élastique

Le père et la fille déguisés en Superman et en Spider-Man sont assis dans un amphithéâtre et assistent à un concours de cosplays. Les deux présentatrices sont sans cesse interrompues par un cosplayer en Deadpool qui hurle des absurdités.

« Lui, c'est un super-héros ou pas ? demande la gamine en fronçant les sourcils.

— Non, non, je te l'ai déjà dit. Enfin, pas pour moi.

— Si tu m'avais laissée aller voir le film !

— Il était interdit aux moins de douze ans ! »

D'abord présenté comme un mercenaire et un vilain à sa création, le personnage de Deadpool se rapproche du camp des « bons » et intègre même, dans les comics, les Avengers. Dans le premier film qui lui a été consacré, il répète cependant qu'il n'est pas un héros.

À la fin des années 1930, l'humanité est déchirée par les idéologies. Quand Siegel et Shuster créent Superman tel qu'on le connaît – lors d'une précédente tentative, ils avaient donné ce nom à un clochard enlevé par un savant fou et transformé en super-télépathe ! –, ils rassurent en partie l'Amérique en la dotant d'un surhomme capable de la défendre, elle et ses valeurs. Les deux auteurs se seraient inspirés du golem, figure de la mythologie juive, créature d'argile animée par un rabbin pour protéger les juifs de Prague. Lanceurs d'alerte à leur manière, Siegel et Shuster s'autorisent une licence audacieuse : dès février 1940, Superman se saisit de Hitler et de Staline et les amène devant la Société des Nations, où ils doivent être jugés pour « agressions contre des pays sans défense ». Superman devance ainsi l'entrée en guerre des États-Unis (elle survient en décembre 1941), comme son collègue Captain America qui, en couverture d'une publication de mars 1941, assène un coup de poing à Hitler. Créé en décembre 1940 par Jack Kirby et Joe Simon, le super-soldat a pour ennemi privilégié Crâne rouge, personnage fictif nazi. Imaginée juste après le bombardement de Pearl Harbor, Wonder Woman rejoint, comme l'Atlante Namor, personnage créé par Bill Everett, les rangs de ces golems patriotes. Défenseurs de l'humanité, altruistes, ceux-ci se battent contre des méchants bien identifiés et caricaturaux qui, à quelques exceptions près (le Joker, Némésis de Batman, créé en 1940) appartiennent aux forces de l'Axe. Cela peut difficilement passer pour une coïncidence : leurs créateurs sont, pour la plupart, des Américains de confession juive (Siegel, Shuster, Simon, Kirby mais aussi Kane et Finger, les pères de Batman).

Durant la Seconde Guerre mondiale, les comic books de super-héros prennent pour cadre le conflit et participent à l'effort de guerre. En avril 1942, la marine américaine décide que les aventures de

Superman sont des produits de première nécessité pour les soldats américains en garnison aux îles Midway[10]. Durant la période considérée comme l'âge d'or des comic books, 1944 constitue le pic de popularité des super-héros : quarante titres sont commercialisés cette année-là. Mais, après-guerre, pour le lectorat d'alors, les personnages de justiciers ne semblent plus avoir vocation à divertir. Le nombre de comic books qui leur sont consacrés diminue irrémédiablement jusqu'à se compter sur les doigts de la main dans les années 1950.

Quand, une décennie plus tard, après avoir failli disparaître du paysage éditorial américain, les super-héros trouvent un nouveau public, ils affrontent des méchants qui acquièrent plus de substance et ne sont plus des émanations ou des succédanés des forces de l'Axe. Par ailleurs, ils font face à de nouvelles problématiques, plus ordinaires. Les inventions du scénariste Stan Lee, des dessinateurs Jack Kirby et Steve Ditko pour l'éditeur Marvel n'y sont pas pour rien. Alors que Superman, Batman ou Flash, créations du concurrent DC, évoluent dans des villes imaginaires (Metropolis, Gotham, Central City), la grande idée de Lee et de ses collaborateurs consiste à installer leurs personnages dans un décor réel, New York, et de les rendre le plus humains possible. Alors que les problèmes du quotidien interfèrent peu dans les aventures des héros DC, les Fantastic Four ont du mal à payer le loyer de leur Baxter Building puis manquent d'être expulsés, Spider-Man est un ado mal dans sa peau, brimé à l'école, puis un photographe free-lance toujours fauché. Quant aux X-Men, ils sont victimes de discrimination du fait de leur anormalité.

Dans sa frénésie, Stan Lee invente des personnages qui échappent à toute classification manichéenne. Ainsi Bruce Banner, quand il devient Hulk sous le coup de la colère, n'est pas un super-héros animé des meilleures intentions, mais un être incompris au caractère explosif. Dans sa quête de liberté, il détruit tout sur son passage, surtout quand l'armée américaine tente de le capturer. Avec Tony Stark/Iron Man, Lee cherche à prendre le contre-pied de l'époque : en pleine guerre du Vietnam, il veut rendre héroïque un marchand d'armes et prend pour modèle Howard Hughes. Le mouvement des droits civiques se reflète dans les comics de super-héros – Stan Lee et Jack Kirby créent même le personnage de Black Panther en 1966, quelques mois avant que le mouvement contestataire du même nom soit fondé (suivront Luke Cage et d'autres super-héros noirs). En 1971, DC a, à son tour, son premier super-héros noir, John Stewart, qui devient Green Lantern. En 1972, Gary Friedrich, Roy Thomas et Mike Ploog imaginent Ghost Rider : le cascadeur Johnny Blaze doit carrément cohabiter avec un démon. Après avoir combattu des méchants caricaturaux et folkloriques, les super-héros tentent de rendre une justice sociale et sont confrontés à des problématiques de plus en plus adultes. À l'été 1971, Spider-Man sauve de la mort un homme sous l'influence de stupéfiants. La même année, DC Comics s'y met aussi : Green Arrow et Green Lantern, héros d'une série commune, découvrent qu'un des leurs, Speedy, prend de l'héroïne. En 1974, Steve Englehart, le scénariste qui hérite de la série Captain America, choisit de faire écho au Watergate. Écœuré par la manœuvre d'un homme politique membre du gouvernement américain, Steve Rogers, qui porte normalement le costume de Captain America, choisit, en protestation, de l'enlever et devient Nomad, le super-héros apatride. En 1980, certains supporteurs tentent même de convaincre Rogers de se présenter aux élections présidentielles américaines. Tony Stark/Iron Man, lui, doit affronter un ennemi retors : son alcoolisme[1].

La mort fait aussi son apparition dans les comic books. Les super-héros doivent apprendre à accepter la disparition de proches et à en faire le deuil. Ainsi, Peter Parker/Spider-Man assiste, impuissant, à la mort du père de sa fiancée puis à la mort de celle-ci, Gwen Stacy. Un des super-héros Marvel, Captain Marvel, meurt d'un cancer avec, à son chevet, tous ses collègues. Dans l'univers DC, certains personnages (comme Supergirl) doivent mourir pour des raisons de cohérence : les réalités alternatives (Terre-1, Terre-2, Terre-3) se sont tellement multipliées qu'une confusion s'est installée, et une nécessaire simplification s'opère dans le crossover* *Crisis on Infinite Earth*[12], qui voit une seule Terre subsister. Après avoir grandi de manière exponentielle, l'univers des super-héros atteint de telles dimensions qu'il faut le contrôler.

Contrairement à leurs aînés de l'âge d'or qui étaient par essence patriotes, à partir de la moitié des années 1980, les super-héros sont des justiciers à la moralité plus sombre et ambiguë. Les frontières entre « bons » et « méchants » ont déjà été mises à mal par l'arrivée en 1965 chez les Avengers[13] d'ex-vilains (la Sorcière rouge et Vif-Argent, précédemment membres de la Confrérie des mauvais mutants, ou Hawkeye, d'abord ennemi d'Iron Man). Elles vont se brouiller encore plus. À la tête de la série BD *Uncanny X-Men*, le scénariste Chris Claremont s'est efforcé depuis le début des années 1980 de donner une complexité et une profondeur au personnage de Magneto, antagoniste principal des X-Men depuis leur création. Fini le méchant d'opérette, le mauvais mutant cherchant à conquérir le pouvoir parce qu'il est simplement malveillant. Pratiquant la retcon*, Claremont dote le personnage d'un passé – c'est un survivant d'Auschwitz – qui va justifier en partie sa haine de l'homme et paver le chemin de sa rédemption. Il s'alliera aux X-Men, et en prendra même la direction (à la demande du professeur Xavier) après avoir été l'objet en 1985 d'un procès pour terrorisme devant une cour de justice mondiale. Au moment d'imaginer l'antagonisme entre le professeur Xavier et Magneto dans les années 1960, Stan Lee explique s'être inspiré du mouvement de lutte des droits civiques et avoir pris pour modèles Martin Luther King et Malcolm X. Une comparaison discutable, malgré la reprise d'éléments de langage tels que « *Any means necessary*[14] » dans la bouche de Magneto. À la conclusion d'un épisode des X-Men luttant contre les Sentinelles, des robots chasseurs de mutants, Lee a cependant écrit : « Méfiez-vous des fanatiques ! Trop souvent, leur remède est pire que les maux qu'ils dénoncent[15]. » Le scénariste Chris Claremont est allé plus loin dans le sous-texte. Il s'est ainsi inspiré de son voyage en Israël au début des années 1970 pour modeler la personnalité du mutant Magneto sur David Ben Gourion ou Menahem Begin. Il introduit aussi la notion de génocide et, avec le dessinateur John Byrne, montre les mutants parqués dans des camps de la mort (la saga *Days Of Future Past*[16]).

À l'instar de Claremont, les auteurs de comic books utilisent les super-héros pour véhiculer de nouvelles idées. Dans *The Dark Knight Returns*[17] (1986), vrai « crépuscule des idoles » (pour paraphraser Nietzsche), l'auteur Frank Miller montre un Batman vieilli sortir de sa retraite pour venir en aide aux habitants de Gotham City, gangrenée par les gangs et la corruption. Valet d'un gouvernement américain ultra-conservateur, Superman lui demande de cesser le combat.

Avec *Watchmen*[18], Alan Moore et Dave Gibbons livrent en 1986-1987 une œuvre méta-textuelle qui interroge le concept de super-héros en le poussant à son paroxysme. Synthèse de cinquante ans de récits de super-héros par le biais de créations (même si elles s'inspirent de personnages préexistants), la série réécrit l'histoire de l'Amérique et spécialement la période de la guerre froide. Alors que dans cette fiction Richard Nixon a été réélu cinq fois président, la plus grande partie des super-héros a été obligée de choisir entre la retraite ou la soumission aux ordres du gouvernement américain. Dr Manhattan, incarnation du conflit atomique devenu omnipotent à la suite d'un accident en laboratoire, opte pour la seconde option. Mercenaire impliqué dans des opérations spéciales, des meurtres d'innocents et l'assassinat de J.F.K, le Comédien symbolise ce que les super-héros peuvent devenir en perdant toute moralité : des êtres irresponsables qui essayent d'imposer « un ordre injuste[19] ». Le plus inquiétant est le milliardaire Adrian Veidt, alias Ozymandias (un des noms de Ramsès II). Pour contraindre Américains et Soviétiques à s'unir contre un ennemi commun, il invente une menace mondiale et sacrifie des millions d'humains. Dans les pages du comic book, sur les murs de la ville représentée s'étale ce slogan qui résume tout : « *Who watches the Watchmen*[20] *?* » (« Qui surveille les gardiens ? »). En 1988, Moore, cette fois avec le dessinateur Brian Bolland, montre dans *Killing Joke*[21] que Batman et le Joker ne sont pas loin d'être aussi fous l'un que l'autre. Dans la foulée, les deux films de Tim Burton autour de Batman[22] rompent avec l'aspect kitsch du passé et montrent une Gotham City cauchemardesque. À l'écran, le Pingouin dit à Batman : « Tu es jaloux parce que je suis un vrai monstre alors que, toi, tu dois porter un masque. » Dans les comics, les super-héros deviennent plus violents, durs et inquiétants tels que Wolverine, Deadpool ou les anti-héros Spawn (un ancien marine qui pactise avec un démon) ou Hellboy (enfant d'une sorcière et d'un démon). Ce sont de plus en plus des équilibristes qui marchent sur un fil, entre éthique et pulsions. Tuer n'est plus un tabou.

La franchise commerciale des X-Men explose au cinéma en 2000. Les progrès de la technologie rendent crédibles les mutants sur grand écran, mais la réussite de l'adaptation vient de l'empathie du réalisateur Bryan Singer pour les personnages ostracisés. Singer utilise ainsi la qualité de mutant comme métaphore dans une discrimination dont il a souffert en tant qu'homosexuel. Ce que souligne, dans le film *X-Men 2*[23], un dialogue aux allures de coming out entre le jeune mutant Bobby Drake (Iceberg) et ses parents.

« Depuis quand sais-tu que…, commence sa mère sans finir.

— Que je suis un mutant ? »

Plus loin, toujours inquiète, après une démonstration de son pouvoir, elle demande : « As-tu essayé de ne pas être un mutant ? »

Auparavant les super-héros pouvaient se livrer à des combats homériques au milieu de la ville en toute impunité, désormais les citoyens leur demandent des comptes. Ce thème de la responsabilité, présent dès l'essor des personnages de super-héros (en témoigne la maxime de Spider-Man : « De grands pouvoirs impliquent de grandes responsabilités »), va devenir essentiel, si ce n'est dominant, après les attentats du 11 septembre 2001. Comme le média de la BD de super-héros reste essentiellement américain, les comics et les films qui suivront ces événements vont refléter le choc ressenti par la population. Les super-héros créés pour protéger l'Amérique ont failli, les vrais héros sont les pompiers. Marvel leur rend hommage avec le comic *A Moment of Silence*[24] préfacé par le maire de New York, Rudolph Giuliani : « Nous avons tous compris qu'il était désormais inutile de lire de la fiction pour trouver des exemples d'héroïsme. Les vrais héros de l'Amérique sont parmi nous, ils l'ont toujours été. »

Dans ce monde bouleversé, les super-héros voient leur rôle redéfini. La série *Ex Machina*[25] imagine ainsi un super-héros élu maire de New York. Les conséquences réelles des attentats sont revisitées et régurgitées. Ainsi, la loi anti-terroriste du Patriot Act va être transposée, dans le monde Marvel et la série *Civil War*, en « loi de recensement » privative de libertés. Après une tentative d'arrestation ayant causé des centaines de morts, les super-héros sont sommés de rendre leur identité publique et de travailler pour le gouvernement. S'ils refusent, ils entrent dans la clandestinité et risquent de finir dans une prison de haute sécurité évoquant celle de Guantanamo. Iron Man/Tony Stark choisit la légalité (et le contrat avec le gouvernement) tandis que Captain America préfère se battre pour la liberté et cite l'intellectuel Thomas Paine, héros de la révolution américaine, inspirateur de la Révolution française : « Pour profiter des bienfaits de la liberté, il faut accepter de se battre pour elle[26]. » Auparavant, Hulk a été envoyé dans l'espace[27] par ses collègues super-héros afin d'être empêché de nuire. Cette responsabilité des super-héros s'illustre aussi par une retenue d'Hollywood. Alors que les films qui leur sont consacrés se multiplient, il faudra attendre *Avengers* en 2012 pour voir, au cinéma, New York leur servir de champ de bataille dans un film postérieur aux événements[28]. En parallèle, une vraie radicalisation s'opère chez les mutants d'X-Men. Cyclope, leur leader, devient un activiste, flirte avec le terrorisme et tue son mentor, Charles Xavier, comme s'il avait échangé sa place avec Magneto.

Plus que jamais, les super-héros du troisième millénaire doivent rendre la justice dans un monde politisé et radicalisé où l'ennemi n'est plus forcément un méchant en collant bleu et peut prendre l'apparence d'un financier ou d'un industriel qui ne respecte pas l'écosystème. Si l'écologie ne constitue pas leur préoccupation majeure, elle a en effet intégré le champ d'action des super-héros, les protecteurs de la Terre. Les justiciers Marvel doivent parfois intervenir quand le consortium pétrolier Roxxon se montre prêt à détruire l'environnement pour s'enrichir. Ainsi, en 2015, un comic book du mercenaire-clown Deadpool sensibilisait ses lecteurs aux dangers de la fracturation hydraulique pour l'extraction du gaz de schiste[29]. Quand un jeune homme se présentant comme « le Joker » tue douze personnes et en blesse soixante-dix dans un cinéma du Colorado en juillet 2012 lors d'une projection nocturne de *The Dark Knight Rises*, certains s'interrogent : « Batman a-t-il du sang sur les mains ? » En raison de l'hégémonie actuelle des films de super-héros au sein de la pop culture, nombre de médias posent la question de la dangerosité des super-héros pour le public. Sommes-nous proches d'un retour en arrière ? Provocatrice, la couverture de l'hebdomadaire *Télérama* du 4 août 2012 titre : « Batman assassin ? » L'article répond clairement par la négative mais affirme : « Le débat n'est plus tant sur le contenu des images – la violence n'est pas l'apanage de la fiction et les blockbusters ne sont pas pousse-au-crime – que sur leur statut : des films de fiction hantés par le réel, la réalité qui imite, ou qui reproduit la fiction. » A contrario, après qu'un tueur de masse a assassiné quarante-neuf personnes et en a blessé cinquante-trois autres dans un club gay d'Orlando (en juin 2016), des super-héros DC Comics tels que Superman ou Batwoman (tenant un drapeau aux couleurs des LGBT) apparaissent dans le recueil caritatif *Love Is Love*[30] qui a recueilli 165 000 dollars au profit des victimes, des survivants et de leurs familles.

Le concours de cosplays se termine. Le père et la fille s'en vont, ils croisent une adolescente habillée en Hit-Girl (cheveux violets, kilt écossais court, collants et haut mauves), un des personnages de Kick-Ass. *Elle leur tire la langue, facétieusement.*

« Elle, c'est plutôt une méchante ! en conclut l'enfant Spider-Man.

— *Non, euh, pas vraiment, plutôt une jeune justicière. Elle apparaît dans le film* Kick-Ass.

— *Le film qui est passé à la télé et que tu ne m'as pas encore laissée regarder ? C'est quoi comme genre de justicière, alors ?* »

Au début du troisième millénaire, aux États-Unis, les super-héros ne constituent plus le monopole de Marvel et de DC, ils essaiment de plus en plus chez les éditeurs indépendants. Chez Wildstorm, l'équipe de *The Authority*, créée par Warren Ellis et Bryan Hitch, intervient au niveau planétaire sans prendre de gants. Chez Image Comics, *Invincible* de Robert Kirkman et Cory Walker bâtit son intrigue sur la transmission héréditaire de pouvoirs entre un père extraterrestre et son fils humain. Les éditions Valiant Comics s'appuient sur un univers partagé où se croisent le super-soldat Bloodshot, l'espion Ninjak, le Wisigoth X-O Manowar. Plutôt que de se concentrer sur des individus dotés de pouvoirs et acceptant leur responsabilité, de plus en plus de fictions mettent en scène des quidams dépourvus de facultés extraordinaires. Dans une société proche de la nôtre où les justiciers préexistants constituent déjà une mythologie, ces citoyens s'en inspirent pour agir (comme dans *Kick-Ass*[31], comic de Mark Millar et John Romita Jr adapté au cinéma). D'autres histoires, comme dans les séries télé *Heroes* et *Misfits*, montrent comment de simples hommes et femmes apprennent à gérer des facultés extraordinaires dont ils héritent soudainement sans chercher à devenir des super-héros. Le film *Chronicle* de Josh Trank (2012) atteint un certain réalisme grâce à sa forme de *found footage* (procédé cinématographique imitant l'esthétique des images documentaires). Ces fictions constituent moins des tentatives de démystification qu'un rappel : entre le citoyen lambda et le super-héros, la frontière est devenue mince.

II

Un nouveau regard

Le père et l'enfant, toujours déguisés, prennent le métro pour rentrer chez eux. À la maison, surprise, les grands-parents maternels sont là.

Quand la gamine part dans sa chambre, la grand-mère dit à son gendre, toujours habillé en Superman :

« Qu'elle aime les super-héros, c'est de son âge ! Mais ne me dis pas que toi aussi ! C'est trop abêtissant pour les adultes, non ?

— Vous seriez d'accord avec mes parents, qui ont jeté dans mon dos toute ma collection de Strange*. Maintenant, le numéro 1 vaut 1 500 euros. »*

Un émerveillement très encadré

À partir de 1938 et du succès d'*Action Comics* avec Superman, les comic books proposant des histoires de super-héros se multiplient de manière exponentielle, s'appuyant souvent sur des décalques du best-seller. Ainsi, durant les années 1939-1945, c'est le Captain Marvel du dessinateur Charles Clarence Beck et du scénariste Bill Parker qui bat Superman en termes de ventes – ironiquement, la publication cessera après un procès intenté par l'éditeur DC Comics…, qui, dans les années 1970, finira par faire revivre Captain Marvel.

Si certains adultes peuvent consommer avec plaisir les aventures des super-héros (surtout les GI après l'entrée en guerre des États-Unis), elles ravissent surtout les enfants. L'âge moyen des lecteurs oscille ainsi entre dix et douze ans. Selon une enquête réalisée en 1944, entre six et onze ans, 95 % des garçons et 91 % des filles lisent une douzaine de comic books par mois[1]. Tandis que l'industrie des comic books prospère pendant la guerre, les super-héros-phares voient leur exploits transposés en serial* pour le cinéma. Dès 1941, Superman a droit à un dessin animé, rendu mémorable grâce au savoir-faire des frères Dave et Max Fleischer, comme Captain Marvel en 1940 et Batman en 1943. Alors que 53,7 % des lecteurs de comic books sont âgés de vingt et un ans et plus selon une étude de 1950[2], le pouvoir de séduction des super-héros auprès de la jeunesse devient alarmant pour certains parents et critiques, qui ne voient dans leurs aventures que violence et femmes dénudées.

Une voix s'oppose à ce mouvement de méfiance, celle du psychologue William Marston. En 1940, il recommande de ne pas mépriser les comics. Il s'apprête d'ailleurs à inventer Wonder Woman, la première super-héroïne féministe. Mais sa voix n'est guère entendue. Au contraire, une chasse aux sorcières dessinées se met en branle à la fin des années 1940.

Fredric Wertham, un autre psychologue américain, entreprend une croisade contre la nocivité supposée des comics. Son discours, « monocausal, obsessionnel et populiste » selon Jean-Paul Gabilliet[3], finit par porter ses fruits. Des autodafés de comic books ont lieu en 1948 et 1949 ; au Sénat, une sous-commission sur la délinquance juvénile est créée. L'entreprise de dénigrement de Wertham culmine en 1954 avec la sortie de son pamphlet *Seduction of the Innocent.* Pour lui, les comics sont directement responsables de la délinquance juvénile car ils pervertissent les enfants avec leurs scènes de sexe et de violence. D'autres professeurs, comme lui, accusent les aventures de Superman d'inculquer aux enfants les principes d'une société fasciste. Quant à la série Batman, au vu de la relation entre le justicier et l'orphelin Robin qu'il a recueilli, elle prônerait même l'homosexualité. Wertham juge également les histoires de Wonder

Woman anti-masculines et prosélytes du lesbianisme. De plus, ce défenseur des droits civiques juge les comic books racistes : les protagonistes blancs sont toujours élancés et intelligents, les protagonistes noirs « à mi-chemin entre l'homme et le singe ». Son discours fait son chemin dans les esprits de l'Amérique puritaine, d'autant que Fredric Wertham est entendu six fois au Sénat par le comité sur la délinquance juvénile. Du coup, les éditeurs de comics préfèrent prévenir : ils créent en 1954 la Comics Code Authority, une autorité chargée de faire appliquer le Comics Code*, un code de bonne conduite qui proscrit la violence explicite, les sous-entendus sexuels, les scènes d'horreur, la présence de vampires et autres monstres. Pour paraître, chaque publication doit être estampillée « *approved by the Comics Code Authority* ».

La France n'échappe ni au phénomène des super-héros ni aux critiques les concernant. À partir de 1939, les histoires de Superman sont publiées en version francisée (le héros s'appelle d'abord Yordi puis François l'imbattable). Dès 1946, un petit éditeur lyonnais invente son propre personnage, Fantax, « l'ombre qui tue », une création de Marcel Navarro et Pierre Mouchot. D'autres s'y essayent. Mais la loi du 16 juillet 1949 sur les publications destinées à la jeunesse bouleverse la donne. Dans son article 2, elle prévoit que ces publications ne devront avoir au sommaire rien qui puisse présenter « sous un jour favorable le banditisme, le mensonge, le vol, la paresse, la lâcheté, la haine, la débauche ou tous actes qualifiés de crimes ou délits de nature à démoraliser l'enfance ou la jeunesse ». Pour que la loi soit respectée, a été instituée une scrupuleuse Commission de surveillance et de contrôle des publications destinées à la jeunesse (CSCPJ). Ses membres se montrent tellement pointilleux que les auteurs tentés par les exploits de super-justiciers doivent se montrer malins. Lorsqu'il crée SuperBoy (un homonyme du personnage de DC, la version ado de Superman), le dessinateur Félix Molinari le fait voler grâce à la technologie. « Outre la passion de Molinari pour l'aviation, explique le spécialiste des comics Xavier Fournier[4], il y a aussi une raison plus pratique. Une partie de la Commission de surveillance des publications pour la jeunesse reste opposée à toute notion de surhomme ou d'homme miraculeux. » SuperBoy est présenté dans un éditorial comme « un garçon comme vous, intelligent, courageux et loyal[5] ». L'écrivain et scénariste Serge Lehman livre son analyse[6] : « Cette censure reflétait les intérêts idéologiques objectivement complices des catholiques et des communistes. Les premiers estimaient que ce type de divertissement ne pouvait amener que des fausses croyances dans l'esprit des enfants. Pour les seconds, ça les détournait de la conscience de l'injustice de classe. » En octobre 1955, la revue mensuelle *Les Temps modernes,* dirigée par Jean-Paul Sartre, affiche en couverture un exposé de Fredric Wertham sous le titre « Les "crime comic-books" et la jeunesse américaine ». Il s'agit en fait d'un extrait de son livre, *Seduction of the Innocent.* Les intellectuels français sont loin d'être émerveillés par les super-héros.

Quand Edgar Morin évoque Superman en 1962 dans *L'Esprit du temps*[7], son essai consacré à la culture de masse, il le qualifie de manière laconique d'« infantile ». Pour autant, le sociologue prend soin de resituer les critiques des intellectuels envers cette même culture de masse. « Les "cultivés" vivent sur une conception valorisante, différenciée, aristocratique de la culture. C'est pourquoi le terme "culture du XXe siècle" leur évoque immédiatement, non pas le monde de la télévision, de la radio, du cinéma, des comics, de la presse, des chansons, du tourisme, des vacances, des loisirs, mais Mondrian, Picasso, Stravinsky, Alban Berg, Musil, Proust, Joyce. Les intellectuels rejettent la culture de masse dans les enfers infra-culturels[8]. » Au même moment, Umberto Eco, trentenaire, s'apprête à consacrer une conférence à Superman. Sacré contraste. L'intellectuel italien constatera que des membres de l'assistance dont de « sévères pères dominicains » lui ont volé certains de ses exemplaires de comics. « J'ai souffert en tant que collectionneur, mais ai savouré un grand triomphe en tant que sémioticien[9]… »

Ce mépris envers les super-héros est alimenté en partie par le support de leurs récits. Aux États-Unis comme en France, les super-héros sont historiquement liés à des publications bon marché, pas forcément très bien imprimées : le comic book, le fascicule ou le « pocket ». Ils participent totalement à la culture de masse décrite par Edgar Morin et « produite selon les normes massives de la fabrication industrielle, répandue par des techniques de diffusion massive[10] ».

La discussion entre le père déguisé en Superman et sa belle-mère se poursuit. Le père, un peu indigné, lui prend la main pour lui montrer un pan de sa bibliothèque où trônent des recueils d'histoires de super-héros édités avec soin et rangés avec amour.

« Figurez-vous que les BD de super-héros que je lisais à son âge, je les relis toujours maintenant. Ça m'a autant construit que la littérature ou le cinéma. Il faut dépasser les clichés. »

La grand-mère reste dubitative.

Le temps du côté des super-héros

Quand sont apparus les premiers super-héros (Superman, Batman, Wonder Woman ou Captain America), personne ne pouvait prévoir qu'ils allaient s'installer dans la durée. Un personnage comme Captain America a d'ailleurs vu ses aventures interrompues une première fois en 1949, puis relancées en 1953 avec un angle anticommuniste (« Captain America… commie smasher », *Captain America* n° 76, mai 1954) et de nouveau stoppées en 1954. C'est Stan Lee qui, en 1963, sort de l'oubli ce personnage, sorte d'Hibernatus version comics – les Avengers le découvrent, parfaitement conservé, dans un bloc de glace –, et l'installe définitivement.

Durant les années 1940 et 1950, les histoires sont conçues de façon indépendante avec des motifs communs et répétés (les méchants, le rappel des origines, etc.). Comme l'écrit Umberto Eco : « Ces aventures se déroulent en une sorte de climat onirique (que le lecteur ne saisit absolument pas) où il est extrêmement difficile de distinguer ce qui est arrivé avant de ce qui est arrivé après, le narrateur reprenant continuellement le fils de l'histoire, comme s'il avait oublié de préciser quelque chose et voulait ajouter des détails à ce qu'il vient de dire[11]. »

À partir des années 1960, quand le marché des comic books retrouve un second souffle et s'installe dans la société de consommation américaine, les récits se répondent de plus en plus les uns aux autres, les personnages apparaissent en *guest stars* dans les comics des autres – ce sont les premiers crossovers. La conception d'un comic book donne lieu à une division du travail entre scénariste, dessinateur, encreur, coloriste et responsables éditoriaux. Une conséquence de la rationalisation qui a cours dans la culture de masse, comme l'explique Edgar Morin, « rationalisation qui commence à la fabrication des produits, se poursuit dans les plannings de production, de distribution, et s'achève dans les études du marché culturel[12] ». Le comic book devient un objet standardisé, un moule s'impose : chaque numéro fait 25,7 centimètres de hauteur sur 16,8 centimètres de largeur avec, à l'intérieur,

20 ou 22 pages de bande dessinée (30 quand il s'agit de numéros spéciaux, les *annuals**).

Le corpus des comics change de dimension avec, pour les personnages les plus vendeurs (Batman, Superman, Spider-Man, X-Men), plusieurs séries éditées en simultané. Une logique doit s'établir, d'un point de vue chronologique comme diachronique – une tâche réservée aux responsables éditoriaux. L'insouciance et le flou des années de création laissent place à la nécessité de cohérence. Les auteurs et les éditeurs bâtissent sur ce que leurs prédécesseurs ont raconté, respectent des caractéristiques de plus en plus fouillées. Pour chaque personnage, une progression d'événements narratifs irrémédiables est considérée comme établie sinon acquise par les lecteurs (d'où la prolifération de notes renvoyant à des épisodes anciens). Fini le « climat onirique » relevé par Umberto Eco, une trame générale s'impose. Elle n'interdit cependant pas les jeux avec la chronologie le temps d'un comic book ou d'une mini-série*. Saisissant le *kaïros* (concept du « moment opportun » dans l'Antiquité grecque), des retours en arrière revisitent un événement fondateur ou oublié, des sauts dans un futur lointain ou alternatif éloignent le personnage de sa dernière situation en date. Le flottement temporel reposant sur un accord tacite avec les lecteurs, candidats volontaires à cet état de rêverie goûté par Eco, tient de l'exception et non plus de la fondation.

L'envolée du nombre de titres n'empêche pas la qualité. Alors que Morin fait une analogie entre « les héros homériques ou les chevaliers de la Table ronde, chantés par des vagues successives de poètes oubliés, et les héros des épopées feuilletons en images de la presse de masse, illustrés par des vagues successives de dessinateurs qui retombent dans l'anonymat[13] », certains auteurs tels que Stan Lee, Jack Kirby, Steve Ditko, Neal Adams, Dennis O'Neil, Jim Steranko, John Buscema et d'autres s'attirent les faveurs du public. Les initiatives se multiplient, de nouveaux personnages sont testés dans des revues anthologiques avant d'avoir (si le succès suit) leur titre propre. Marvel lance des décalques féminins de super-héros déjà établis (Ms. Marvel, Spider-Woman, She-Hulk) et se montre sensible aux effets de mode. Le succès de la série télé *Kung Fu* se traduit par l'arrivée de Shang-Chi, Iron Fist, Colleen Wing ou Misty Knight, super-héros et super-héroïnes maîtrisant les arts martiaux. La firme américaine introduit également Godzilla, le monstre japonais né de la radiation dans son univers partagé, ainsi que Kiss, le groupe de rock grimé. La vitalité du marché illustre « la contradiction dynamique » entre invention et standardisation soulevée par Edgar Morin, ces mouvements contraires qui, en se frottant, créent une étincelle créatrice. « La standardisation elle-même n'entraîne pas nécessairement la désindividualisation ; elle peut être l'équivalent industriel des “règles” classiques de l'art comme les trois unités qui imposaient des formes et des thèmes. Les contraintes objectives soit étouffent, soit, au contraire, étoffent l'œuvre d'art[14]. » Si le Comics Code opère toujours, les auteurs s'enhardissent et défient ses recommandations… jusqu'à un certain point. Impossible pour le scénariste des X-Men Chris Claremont de montrer de manière explicite la relation amoureuse entre les deux mutantes Mystique et Destinée[15], l'homosexualité n'ayant pas le droit d'exister car elle est alors classée dans les « perversions sexuelles » dont toute évocation est proscrite.

Aux États-Unis, la figure du super-héros s'installe dans le paysage culturel. Un leader du pop art tel qu'Andy Warhol recopie une case d'un comic de Superman pour un tableau de 1961, réalise *Batman Dracula* en 1964 et pose même en Robin (la chanteuse Nico endosse le costume de Batman) pour le magazine *Esquire* en 1967.

Roy Lichtenstein reprend une case de Jack Kirby pour *X-Men* dans son tableau *Image Duplicator*.

Même dans le milieu de l'underground, la fascination est réelle : à San Francisco, en 1965, une soirée *acid rock* a pour nom de code « A Tribute to Dr Strange ». Le poète de la *beat generation* Michael McClure cite un monologue du même docteur dans sa pièce *The Beard* (1965). Sally Kempton écrit dans le *Village Voice* (1er avril 1965) que « les comics Marvel sont les premiers à évoquer, même de façon métaphorique, le monde réel[16] ». Elle désigne Spider-Man comme souffrant de problèmes de virilité et victime d'un complexe de castration. « Comment un personnage désespérément sain comme Superman peut-il rivaliser avec le symbole vivant du dilemme moderne, cette névrose de la névrose, Spider-Man, le super-anti-héros de notre époque[17] ? » conclut-elle. Cette situation n'échappe pas aux lecteurs : toujours en 1965, Spider-Man est cité par les étudiants comme icône révolutionnaire moderne aux côtés de J.F.K., Bob Dylan ou Che Guevara dans un sondage du magazine *Esquire*. Trois ans plus tard, la popularité de Peter Parker prend un coup quand il rechigne à soutenir des étudiants en conflit avec la direction du campus[18]. Lorsque Stan Lee reçoit une demande d'explication de la part d'une véritable organisation universitaire, il tombe des nues : ses histoires sont prises au sérieux, les lecteurs les voient comme un reflet du monde actuel. En 1966, dans leur publication *The New Guard*, les Young Americans For Freedom, un regroupement de jeunes conservateurs, salue le fait que les héros Marvel (le marchand d'armes Tony Stark en tête) constituent des capitalistes modèles. Stan Lee reçoit aussi du courrier lui demandant le positionnement de Marvel quant à la guerre du Vietnam. Comme le concurrent DC, il doit se justifier sur la faible présence de personnages noirs. Pendant ce temps, à la télévision, la série Batman propose une double lecture : une au premier degré pour les enfants, une autre, parodique, pour les adultes. En 1971, *Rolling Stone*, magazine issu de la contre-culture américaine, met Hulk en couverture. Pour les États-Unis, pays à la superficie immense mais à l'histoire récente, les figures super-héroïques semblent constituer une nouvelle fondation, combler un manque de mythologie.

Au même moment, sans doute parce que ce manque lui est étranger, la France résiste toujours. En 1969, la Commission de surveillance et de contrôle s'attaque à l'éditeur lyonnais qui publie les séries Marvel Comics. Ce sont surtout les Quatre Fantastiques, dans la revue *Fantask*, qui s'attirent les foudres de la Commission. En août 1969, les éditions Lug expliquent dans le n° 7 de *Fantask* qu'il s'agit de son dernier numéro. La Commission a en effet estimé que cette publication était extrêmement nocive en raison « de sa science-fiction terrifiante, de ses combats de monstres traumatisants, de ses récits au climat angoissant et assortis de dessins aux couleurs violentes ». L'éditeur français se plie aux exigences de la Commission, atténue les couleurs et enlève les onomatopées dans les revues suivantes, *Strange* et *Marvel*, qui publient aussi du matériel Marvel. Ça ne suffit pas. Le rapporteur de la Commission dit en 1970, au sujet de la revue *Marvel :* « Tout n'est qu'horreur et brutalité. » Interdite de vente aux mineurs en 1971, la revue *Marvel* est condamnée. *Strange*, elle, continuera. Ces actes de censure, qui paraissent aujourd'hui plus que disproportionnés, s'inscrivent en réalité dans une politique de protectionnisme.

Au début des années 1970, en France, les histoires de super-héros ravissent les adolescents, et les éditions Lug publient (en plus de *Strange*), *Special Strange*, *Titans*, *Nova* ou *Spidey*, toujours en exploitant le catalogue des éditions Marvel. Les personnages costumés restent méprisés par les adultes et appartiennent selon eux à la sous-culture. Seuls une personnalité comme Alain Resnais (qui a failli réaliser un film sur Spider-Man et a fréquenté Stan Lee) ou les connaisseurs de la BD américaine y voient un divertissement noble.

Au contraire, aux États-Unis, la figure du super-héros est acceptée par la société américaine dans son ensemble. À la fin de l'année 1977 est publié au format tabloïd *Superman vs Muhammad Ali*[19], un album initié par Don King, le manageur du boxeur. L'album a été approuvé par son entourage, notamment Elijah Muhammad, le dirigeant de la Nation of Islam, l'organisation religieuse à laquelle Ali appartenait. Mettre en scène le super-héros et l'icône de la lutte pour les droits civiques ne constitue pas qu'un divertissement, mais un symbole : Superman est aux prises avec la réalité de l'Amérique.

Dans l'appartement, la conversation se poursuit entre le père et la belle-mère.

« Même vous, vous avez vu des films de super-héros !

— Cela m'étonnerait !

— Et Superman *?*

— Ah oui, mais c'était il y a longtemps. »

En 1979 sort le premier blockbuster consacré à un super-héros, *Superman* de Richard Donner.

Le film s'appuie sur un budget de 55 millions de dollars (à l'époque un record), sur un casting hollywoodien (Marlon Brando joue Jor-El, le père de Kal-El/Superman, Gene Hackman celui de Lex Luthor, l'ennemi terrien de Superman). Preuve qu'il s'agit de prendre au sérieux Superman, c'est Mario Puzo, l'auteur du *Parrain* (adapté au cinéma) qui coécrit le scénario. Le film parvient à rendre crédible et contemporain le personnage-titre, et le succès qu'il rencontre – il s'agit du deuxième long-métrage le plus rentable de l'année, juste après la comédie musicale *Grease* – lance la franchise. Trois films suivront, en 1980, 1983 et 1987. Christopher Reeve, l'acteur campant Superman, devient une star mondiale, le super-héros a définitivement gagné ses lettres de noblesse. Désormais, il est accepté en tant que personnage par un public adulte. Le premier long-métrage réalisé par Tim Burton autour de Batman en 1989 a un effet similaire. Sa distribution (Michael Keaton, jusque-là acteur comique, Jack Nicholson) et la contribution du musicien pop Prince pour la BO accréditent l'idée que les super-héros méritent mieux que des adaptations à petit budget.

Au-delà de ces films prestigieux, les super-héros s'installent dans le quotidien du public, pas celui qui lit les comics mais celui qui regarde la télévision. Les séries populaires se multiplient sur le petit écran comme *Wonder Woman*, *Hulk*, *Spider-Man* (en dessin animé), *The Six Million Dollar Man* (*L'Homme qui valait 3 milliards* en VF), *The Bionic Woman* (*Super Jaimie* en VF), des séries qui arrivent en France avec un décalage de parfois une décennie. Au Japon, la maison de production Toei Company initie sa propre version de Spider-Man.

Quant aux comics, ils sont traités avec plus de soin qu'auparavant, les séries sont rééditées dans des recueils de meilleure facture et une histoire spéciale peut être directement publiée en album sous le titre de graphic novel*. Après avoir été longtemps considérés comme corvéables et interchangeables, les auteurs eux-mêmes bénéficient d'un traitement plus favorable. Mais rien n'est gagné ni évident. C'est seulement à partir de 1975, après une campagne médiatique, que Jerry Siegel et Joe Shuster, les créateurs de Superman, pauvres et souffrant de problèmes de santé, obtiennent de DC un revenu annuel de 20 000 dollars[20]. À la même époque, Jack Kirby, pourtant cocréateur des personnages Marvel les plus vendeurs, ne touche aucuns droits d'auteur. À côté de cela, les runs* de certains auteurs peuvent s'étendre sur plusieurs années (dix-sept pour le scénariste des *Uncanny X-Men*, Chris Claremont). Cela donne une profondeur inédite aux séries, avec des arcs narratifs qui peuvent courir sur plusieurs numéros, voire plusieurs années. Les crossovers tels que *Secret Wars* (Marvel, 1984) et *Crisis on Infinite Earth* (DC, 1985) étrennent la mode d'événements éditoriaux impliquant une galerie étendue de super-héros sur un nombre limité de numéros.

Au début des années 1990, la vente de comics atteint des records aux États-Unis : sept millions d'exemplaires pour le numéro 1 de *X-Men* (un spin-off* de la série *Uncanny X-Men*), trois millions pour le numéro racontant la mort de Superman... Plus qu'un produit de consommation courante, le comic book de super-héros est devenu un objet de spéculation dont on collectionne les couvertures différentes (les *variants**). Les personnages qu'il véhicule en sont venus à constituer une culture.

Le père, qui a retiré son costume de Superman, va coucher sa fille. Dans la chambre de l'enfant, un poster du film Les Gardiens de la Galaxie, *un autre du film* Les Quatre Fantastiques *(montrant une famille recomposée et ethniquement mixte). Sur une étagère, des figurines de Miles Morales, le Spider-Man noir et latino, un exemplaire de l'anthologie* Wonder

Woman *voisine avec la BD* Miss Marvel *et son adolescente américaine d'origine pakistanaise.*

Des légendes porteuses d'un sous-texte

Au troisième millénaire, les origines des super-héros, spécialement ceux datant des premiers âges (d'or et d'argent), nés entre la fin des années 1930 et les années 1970, sont désormais traitées par les narrateurs comme des légendes racontées ou rappelées des milliers de fois. Une situation accentuée par la reprise de postures iconiques (telles que Superman portant une voiture, en une du numéro 1 d'*Action Comics* de 1938). Ces origines peuvent cependant être amendées, rafraîchies – ce n'est plus lors de la guerre du Vietnam que Tony Stark fabrique sa première armure d'Iron Man, mais en Irak. Une contradiction inhérente à la construction du corpus et à ses innombrables publications devient de plus en plus évidente. Soumise à un flux narratif non-stop, la masse d'informations concernant chaque personnage et ses interactions atteint des dimensions hors norme. Connaître l'intégralité des univers DC et Marvel et en faire l'exégèse constitue une tâche quasi surhumaine. C'est pourquoi des guides d'initiation sont édités, les faits et gestes des personnages et de leurs adversaires sont racontés par les spécialistes ou les fans sous forme de biographies qui ressemblent parfois aux hagiographies réservées aux stars ou aux saints. Ployant sous son poids, le corpus super-héros ne doit pas effrayer les lecteurs profanes. D'où cette astuce à laquelle recourent régulièrement les éditeurs, les producteurs et les auteurs, celle de la remise à plat, du reboot. Chaque nouvelle aventure s'inscrivant dans la continuité n'est au final qu'une infime variation d'un mouvement impulsé par une force centripète. Sans être systématiquement annulée, la péripétie pèse peu face à ce qui fonde le personnage, son socle mythique – l'arrivée sur Terre de Superman, la piqûre d'araignée pour Spider-Man, le meurtre des parents de Bruce Wayne, Wonder Woman quittant l'île des Amazones… Pour pouvoir séduire de nouvelles générations, le cadre narratif et la chronologie des super-héros sont simplifiés. Les éditeurs DC Comics et Marvel utilisent le label « *year one* » (« année un ») pour revisiter l'*origin story**. Au début des années 2000, Marvel imagine une nouvelle gamme de comics, « Ultimate », qui relance depuis leurs débuts des personnages comme Spider-Man, les X-Men ou les Avengers. Au cinéma, depuis 2002, le personnage de Spider-Man a été incarné par trois acteurs différents sans s'être radicalement transformé.

Ce qui change, c'est le regard porté sur les histoires de super-héros. Après plusieurs décennies de comic books, de films ou de séries, elles sont analysées et reconnues comme les véhicules de sous-textes et de métaphores qui parlent de la société. Les personnages sont considérés comme des outils, des modèles, des reflets. Ainsi, la trilogie des *Batman* réalisée par Christopher Nolan ne constitue pas qu'une suite de films d'action, son traitement de l'image du justicier et ses influences (*Le Conte des deux cités* de Charles Dickens sur la Révolution française) sont analysés et disséqués. En janvier 2017, la situation politique américaine est même comparée à celle de Gotham telle que montrée dans le dernier film de la trilogie, *The Dark Knight*. Un montage établit un saisissant effet de miroir entre le discours d'inauguration de Donald Trump et celui du « vilain » Bane quand il prend le pouvoir de la métropole fictive. Un mimétisme volontaire de la part du nouveau président des États-Unis ?

Les X-Men se prêtent d'autant plus à des interprétations sociologiques que l'analogie entre mutant et discriminé s'est profondément ancrée dans l'esprit des lecteurs. Ainsi, quand le scénariste Rick Remender fait dire au X-Men Havok dans un comic qu'il ne faut plus le qualifier de mutant[21], il reçoit quantité de messages haineux via les réseaux sociaux. Comme l'a fait remarquer le docteur en droit et écrivain Jean-Philippe Zanco[22], le caractère mutant rejoint ce que le sociologue Erving Goffman a qualifié de stigmate. « Les Grecs, apparemment portés sur les auxiliaires visuels, inventèrent le terme de *stigmate* pour désigner des marques corporelles destinées à exposer ce qu'avait d'inhabituel et de détestable le statut moral de la personne ainsi signalée. Ces marques étaient gravées sur le corps au couteau ou au fer rouge, et proclamaient que celui qui les portait était un esclave, un criminel ou un traître, bref, un individu frappé d'infamie, rituellement impur, et qu'il fallait éviter, surtout dans les lieux publics[23]. » Ces marques, ces « signes porteurs d'information sociale[24] », on les retrouve sur certains X-Men. Venu d'un futur alternatif et incarné au cinéma par Omar Sy, Bishop porte au-dessus de l'œil droit une cicatrice en forme de M (pour « mutant »). *God Loves, Man Kills*[25], histoire radicale mettant en scène les X-Men, s'ouvre sur une scène de lynchage dans un État du nord-est des États-Unis, le Connecticut. Deux enfants noirs de neuf et onze ans sont exécutés par des « purificateurs » ethniques parce qu'ils sont mutants. Sur leurs corps pendus à une balançoire, leurs assassins ont accroché des écriteaux « *mutie* » (langage courant pour « mutants »). Pour Goffman, le stigmate désigne « un attribut qui jette un discrédit profond », mais il précise aussitôt : « C'est en termes de relations et non d'attributs qu'il convient de parler. » Ainsi, le stigmate « représente en fait un certain type de relation entre l'attribut et le stéréotype ». Goffman différencie les individus discrédités (ceux dont la différence est connue ou visible) des « discréditables », dont l'attribut n'est pas immédiatement perceptible. Les X-Men tombent tous dans l'une ou l'autre des deux catégories. Soit leur corps présente un caractère monstrueux (Nightcrawler et son apparence de diablotin bleu, Wolverine et ses griffes en métal indestructible, etc.), soit leurs pouvoirs, une fois activés, les font passer pour des sorciers, des créatures inhumaines. Comme les mutants sont tous rangés dans la même catégorie par les humains, qui les craignent, l'action d'un mutant entache la réputation de tous. Dans le premier numéro de la série (1963), Magneto est empêché par les X-Men de prendre le contrôle d'une base militaire américaine. Dans les numéros suivants, Magneto dirige la Confrérie des mauvais mutants et, bien que les X-Men s'opposent à son action, ils pâtissent de plus en plus des exactions de leur ennemi. Au contraire, si un(e) X-Men se montre prêt(e) à se sacrifier pour l'humanité, l'image globale des mutants en bénéficie. Comme l'écrit Erving Goffman, « chaque fois qu'une personne affligée d'un certain stigmate se donne en spectacle parce qu'elle enfreint une loi, gagne un prix ou s'introduit la première dans un quelconque domaine, la rumeur locale s'en empare. L'événement peut même être porté à la connaissance de toute la société par l'intermédiaire des moyens de diffusion. Dans tous les cas, ceux qui partagent le stigmate de cette personne notoire se trouvent soudain en position d'être assaillis par les normaux qui les entourent, et soumis à un certain transfert de valeur, à leur crédit ou à leur discrédit »[26]. Howard Becker, autre héritier du courant sociologique de l'École de Chicago, écrit dans *Outsiders*[27] : « Les membres des groupes déviants organisés ont évidemment une chose en commun : leur déviance. C'est elle qui leur donne le sentiment d'avoir un destin commun, d'être embarqués sur le même bateau. » Sa conception semble autant s'appliquer aux X-Men qu'aux mutants malveillants rassemblés par Magneto puis par Mystique dans la Confrérie des mauvais mutants.

À l'image des métaphores en nombre croissant prenant pour objet les X-Men, le monde des super-héros vit un changement de paradigme au début du troisième millénaire. La « normalité » d'hier n'a plus cours. Fondé en 1999 par des fans féministes, le site Women In Refrigerators[28] dresse une liste de comic books sexistes, où la mort (souvent violente) de personnages féminins et les agressions que celles-ci subissent font avancer l'intrigue. Désormais, le public des super-héros frôle la mixité – on estime qu'aux États-Unis le lectorat féminin dépasse actuellement les 46 %. Alors que les super-héros ont été pendant longtemps majoritairement blancs, leurs fans cherchent des objets d'identification qui leur ressemblent, en dehors du moule jusque-là dominant des virils mâles caucasiens. Prenant en compte cette demande, avant tout par intérêt économique, les éditeurs favorisent une représentativité plus juste des super-héros concernant les genres, races, sexualités, religions ainsi que l'émergence de nouveaux auteurs (Gail Simone connue pour sa longévité en tant que scénariste de *Wonder Woman* ; l'auteur afro-américain Ta-Nehisi Paul Coates pour *Black Panther*[29] ; G. Willow Wilson, Américaine de confession musulmane, pour *Miss Marvel*[30]).

On a ainsi vu Batwoman devenir une icône lesbienne, le X-Men Northstar célébrer son mariage avec son partenaire. Le nouveau Spider-Man (à la fois noir et latino) s'appelle Miles Morales, Miss Marvel est d'origine pakistanaise et de confession musulmane, Wonder Woman est *queer*. Une adolescente noire devient la *guest star* du comic Iron Man, Jane Foster se saisit du marteau Mjöllnir et devient Thor, l'Afro-Américain Sam Wilson (le Faucon) devient Captain America… Le succès aux États-Unis de la super-héroïne Faith[31] montre qu'une super-héroïne peut être ronde et épanouie. A contrario, parce que l'héroïne Marvel Mockingbird portait en couverture un T-shirt avec la mention *Ask me about my femininist agenda*, la scénariste de la série Chelsea Cain a été victime fin 2016 de harcèlement sexiste sur Twitter. En mars 2017, David Gabriel, un responsable de Marvel en charge des ventes, a créé la polémique en affirmant que « les gens ne voulaient plus de diversité ». Une hypothèse mise à mal par les succès de *Ms. Marvel* – le comic Marvel le plus vendu en format digital –, *Black Panther, The Unbeatable Squirrel Girl* (en VF, *Écureuillette*[32]) et d'autres. Le vrai débat tient à la validité de la représentation. Hélène Breda, chercheuse à l'université Paris-XIII, estime ainsi : « Aujourd'hui on ne peut plus juste placer une femme, un Noir ou un *queer* et penser que c'est suffisant. Il faut proposer quelque chose de satisfaisant en termes d'action, de narration et des oppressions vécues. Le souci qui reste, c'est que les industries culturelles sont gouvernées par des hommes blancs et que les auteurs embauchés sont aussi généralement des hommes blancs. Ce ne sont pas les mieux placés pour prendre en charge ces enjeux socioculturels[33]. »

Les super-héros se découvrent de nouveaux pouvoirs : ils sont porteurs de messages féministes et de différence. Mais pas d'idéalisme ou d'angélisme : cette volonté de renouveler les super-héros en dépassant les clichés se brise encore sur des vieux conservatismes.

Des super-héros mondialisés ?

La petite fille regarde sur une tablette le film Chakra : The Invincible. *Son père y jette un œil et s'exclame : « C'est un super-héros indien ? » Elle lui répond : « Oui, et c'est Stan Lee qui l'a inventé ! »*

Quand les X-Men sont remis au goût du jour en 1975 par Marvel, c'est la première fois qu'en plus des Américains Scott Summers (Cyclops) et Jean

Grey (Marvel Girl), une équipe réunit un Apache (Thunderbird/Épervier), un Irlandais (Banshee/Hurleur), un Allemand (Nightcrawler/Diablo), un Russe (Colossus) et une Américo-Kenyane (Storm/Tornade). Cet aréopage international restera une exception. Bien que, en 1954, l'Anglais Mick Anglo créé *MarvelMan* (rebaptisé plus tard Miracleman) pour le marché britannique ou que Marvel tente une offensive sur le même marché avec Captain Britain en 1976, le concept de super-héros reste exclusivement américain. Il faudra un temps de maturation pour que les créateurs d'autres pays passent du pastiche ou de la copie à l'appropriation du concept dans un nouvel environnement. C'est seulement une fois ce temps d'assimilation passé qu'a lieu une vraie *déterritorialisation*. Dans le domaine, le Japon apparaît comme un pays pionnier. Tout en reprenant à son compte les codes du genre, l'industrie du manga et du divertissement a privilégié ses propres créations telles que, dès les années 1950 et 1960, le robot *Astro* d'Osamu Tezuka (*Astro Boy*), Ultraman l'extraterrestre dû à Eiji Tsuburaya puis les héros des *Super Sentai*, une franchise qui s'est exportée (y compris aux États-Unis) sous le nom de *Power Rangers*. Depuis, d'autres émules étrangers se sont désinhibés, adaptant les caractéristiques des personnages qu'ils inventent à la société dont ils sont issus. En Égypte, sous l'impulsion du professeur d'économie Ayman Kandeel, l'éditeur AK Comics produit *Zein the last pharaoh*, « le dernier pharaon », *Jalila, protector of the city of all faiths*, « la protectrice de la ville de toutes les fois ». L'auteure libanaise Joumana Medlej publie les aventures de Malaak, « l'ange de la paix ». *The 99*, créés par le psychologue koweïtien Naif al-Mutawa, prônent les valeurs de l'islam et abondent en références au monde arabo-musulman. En Thaïlande (*Red Eagle*), en Argentine (*Zenitram*), en Russie (l'équipe des *Guardians*), des films sortent, destinés principalement au marché local comme *Chakra : The Invincible*, personnage créé par l'Américain Stan Lee pour les téléspectateurs indiens de la chaîne Cartoon Network. Le film italien *On l'appelle Jeeg Robot* de Gabriele Mainetti reçoit quant à lui des prix à l'étranger. C'est sa dimension sociale qui rend le long-métrage intéressant et exportable : à Rome, un petit délinquant prend conscience de sa responsabilité après avoir hérité par accident d'une puissance surhumaine. Le cinéma d'auteur n'hésite plus à intégrer le super-héros dans sa réflexion. Des films tels que *Birdman* (2014) du Mexicain Alejandro González Iñárritu ou *Vincent n'a pas d'écailles* (2014) du Français Thomas Salvador se détournent de l'action pour offrir un regard décalé sur ces personnages et raconter autre chose que leurs exploits. La figure du super-héros fait tellement partie de la culture commune que l'art contemporain la met en scène, nous interroge sur la place qu'on leur octroie dans notre société. Grâce à des photomontages, l'Indonésien Agan Harahap incruste ces personnages sur des clichés historiques, la photographe mexicaine Dulce Pinzón transforme des immigrés en héros masqués.

En France, même si, dans les années 1980, des créations françaises comme la série *Mikros* de Jean-Yves Mitton et Marvel Navarro ou *Photonik* de Ciro Tota étaient publiées dans les revues éditées par Lug, le super-héros a surtout été objet de parodies (*Superdupont* de Marcel Gotlib, Jacques Lob puis Jean Solé, plus tard *Supermurgeman*, de Mathieu Sapin, qui tire ses pouvoirs de la consommation de bière). « À partir de la fin des sixties s'est installée l'idée qu'il fallait singer les Américains », constate Xavier Fournier[34]. Il faut attendre les années 2000 pour que les auteurs français investissent le genre massivement et au premier degré. *Le Garde républicain*, *Fox-Boy*, lycéen rennais transformé en « renard-garou », *Les Sentinelles*, sortes d'ancêtres d'Iron Man ayant participé à la Première Guerre mondiale, ou encore *Masqué* constituent des tentatives probantes de super-héros évoluant dans un cadre français. Écrivain, scénariste de *Masqué*[35] (série dessinée par Stéphane Créty), Serge Lehman affirme avoir voulu remédier à un manque. « À New York en 2005, un grand Spider-Man était accroché à cinq mètres au-dessus du sol en face de mon hôtel. Tous les gens qui levaient les yeux vers lui se marraient. On sentait qu'ils étaient fiers de ça, c'était la personnification de leur ville. J'ai toujours ressenti et pensé que les super-héros étaient en profonde interaction avec leur décor. Il y avait pour moi une émotion esthétique que personne n'avait vraiment explorée en France, celle de faire revivre un rapport mythique avec le décor français[36]… » En parallèle, grâce au même Serge Lehman et au dessinateur Gess, une partie du patrimoine français a été redécouverte via *La Brigade chimérique*[37], regroupement de justiciers masqués de l'entre-deux-guerres, et le lancement de *L'Œil de la nuit*[38], relifting du *Nyctalope* de 1911. « Avant la Deuxième Guerre mondiale, il existait un énorme corpus de récits d'aventures fantastiques, de voyages dans l'espace, dans le temps, de surhommes, constate Serge Lehman. Une vingtaine de personnages auraient dû être transformés en héros de BD dans les années 1950.

Mais, dans l'euphorie de l'après-guerre, il y a eu un sentiment de honte par rapport à ce corpus colonialiste, impérialiste et d'un profond pessimisme, au fond. Sur un plan politique, il était impossible de se l'approprier[39]. » Les super-héros français du troisième millénaire auront-ils plus de chance ? Depuis des années, plusieurs réalisateurs travaillent sur des projets d'adaptation (notamment des *Sentinelles* de Xavier Dorison et Enrique Breccia[40]). Le comédien Thomas Ngijol doit tourner avec Karole Rocher *Black Snake* en 2017. Globalement, les projets avancent lentement, du fait de la frilosité des producteurs. « Le problème vient des décideurs du cinéma français, tranche le réalisateur Jan Kounen. [...] Ils n'ont jamais intégré cette culture alors que, paradoxalement, le monde des geeks les a rattrapés[41]. » Finalement, la seule production audiovisuelle française de genre ambitieuse est *Hero Corp*. Avec son ton mêlant comédie et aventure, la série de Simon Astier et Alban Lenoir a su fidéliser un public malgré les obstacles (comme le retrait des partenaires financiers). Preuve du malaise entre les producteurs français et le genre des aventures de super-héros, pour la cinquième et dernière saison, Astier a eu recours, avec succès, au financement participatif.

III

Les fondations d'un nouveau panthéon

Du plaisir ludique au phénomène cathartique

Au cinéma, le père et sa fille regardent le générique du film Justice League.

Quand ils quittent la salle de cinéma, la petite fille lance : « Tu y as cru, toi, à la fin du monde ? »

Le père répond, biaisant un peu : « Oui... Pas toi ? »

La gamine, malicieuse : « J'ai fait semblant, je savais que ça se terminerait bien. »

« Je déteste les super-héros. Je trouve que ce sont des abominations. Ils ne signifient plus la même chose qu'à l'origine. Initialement, ils étaient dans les mains d'auteurs qui stimulaient activement l'imagination d'un public qui avait entre neuf et treize ans [...]. Qu'un public adulte aille

au cinéma voir le film *Avengers* et prenne plaisir avec des concepts et des personnages créés pour amuser des garçons de douze ans vivant dans les années 1950 constitue un signal plutôt alarmant. »
Alan Moore, *The Guardian*, 22 novembre 2013.

« Non, les super-héros ne sont pas uniquement destinés à des gamins de douze ans. Les comics sont de la littérature, la beauté d'un comic Marvel, c'est que tu peux le lire à l'âge de douze ans et avoir entre les mains une aventure que tu vas trouver cool. À dix-huit ans, en relisant l'histoire, tu trouveras peut-être les personnages sexy. Quand tu auras vingt-cinq ans, l'histoire te fera te demander : “En fait, de quoi parlent vraiment les personnages ?” Et, à l'âge de quarante ans, tu t'apercevras qu'une signification plus profonde t'avait auparavant échappé. »

Chris Claremont, en réponse à Alan Moore, en janvier 2017[1].

L'un, Moore, a manié des personnages aussi emblématiques que Superman et Batman, a écrit *Watchmen*, sans doute la série qui a exploré avec le plus de pertinence le concept de super-héros (quitte, selon certains comme Laurent de Sutter, à l'enterrer[2]), *Top 10*[3], qui raconte la vie d'un commissariat dans une ville où chaque habitant a un super-pouvoir, ou *Supreme*[4], décalque de Superman et prétexte à des réflexions méta-textuelles sur le genre. L'autre, Claremont, a changé le medium des super-héros grâce à ses scénarios humanistes et élaborés pour la série *Uncanny X-Men* qu'il a écrite de 1975 à 1991. Son héritage est aussi important que celui de Moore.

Qui des deux a raison ? Celui qui raille les adultes encore séduits par les super-héros ou celui qui avance la possibilité de doubles, voire de triples lectures de ces histoires ? Le psychanalyste controversé Tony Anatrella a inventé le mot-valise « adulescent » pour désigner des jeunes « entre vingt-quatre ans et le début de la trentaine[5] » qui cherchent à prolonger au-delà du raisonnable leur adolescence. Ce goût des adultes pour les super-héros refléterait-il une dérive « adulescente » ? Au contraire, on peut penser que se priver de ces fictions reviendrait à nier la part d'enfant qui demeure en nous, cet « homme-enfant » évoqué par Edgar Morin, « qui se trouve en tout homme, curieux, aimant le jeu, le divertissement, le mythe, le conte[6] ». Oublier cette part enfantine constitue peut-être un danger, celui de perdre le sens du merveilleux. Quel que soit son âge, en lisant une aventure de super-héros ou en regardant un film le mettant en scène, on s'offre un plaisir légèrement coupable, celui d'un divertissement formaté – le monde en danger, l'intervention du héros, la résolution. Sauf exceptions radicales, la figure du super-héros y est rarement remise en cause, les lecteurs ou les spectateurs peu bousculés. En fin de compte, si les auteurs cherchent à renouveler les codes (en changeant genres et races des personnages), l'univers des super-héros reste basé sur une règle fondamentale, celle du statu quo. Ainsi, malgré les relaunchs, les reboots, les réalités alternatives, la trame des personnages peut s'enrichir de micro-détails, mais le tronc reste inchangé et bien ancré dans les références communes. « Il faut que tout change pour que rien ne change[7] », credo dont Stan Lee a fait sa devise et qui trouve d'innombrables illustrations. Ainsi, annoncé comme marquant la fin de l'univers Marvel, le crossover *Secret Wars*[8] (2015) n'a, en fait, pas réduit à néant sa cosmogonie générale. Dans la foulée, bien qu'opérant un saut dans le temps de huit mois, le relaunch *All New All Different* a vu les intrigues précédant *Secret Wars* reprendre plus ou moins leur cours.

Le relaunch opéré par DC Comics en mai 2016 sous le nom de *Rebirth* (« renaissance ») veut rester dans la continuité du virage éditorial précédent, *New 52* (qui se voulait un nouveau départ), tout en cherchant à « réinscrire ses personnages dans leur chronologie passée[9] ».

Umberto Eco voyait, lui, d'un œil bienveillant cette recherche, chez les amateurs de super-héros, de la répétition. « Le mécanisme qui régit la jouissance de l'itération est typique de l'enfance, et ceux qui réclament non pas une nouvelle histoire, mais celle qu'on leur a déjà racontée mille fois et qu'ils connaissent par cœur, sont des enfants. Or, un mécanisme d'évasion où s'opère une régression si raisonnable peut être vu d'un œil indulgent, et l'on est en droit de se demander si, en le mettant en accusation, on n'en arriverait pas à construire des théories vertigineuses sur des faits banals et substantiellement normaux. Le plaisir de l'itération est l'un des fondements de l'évasion, du jeu. Et personne ne peut nier la fonction salutaire des mécanismes d'évasion lucide[10]. »

Les histoires de super-héros, même celles marquées par un ultra-réalisme, portent en elles une philosophie rassurante, celle que l'humanité, parfois aidée par des populations extraterrestres, s'en tirera toujours, qu'elle reprendra sa marche en avant quoi qu'il arrive. Le statu quo prend une dimension encore plus importante lorsque l'on aborde la mort des personnages. Ceux-ci peuvent s'éteindre dans la continuité des récits en cours (Jean Grey en 1980, Supergirl et Flash en 1986, Superman en 1992 et 2016, Johnny Storm des Quatre Fantastiques en 2011, Wolverine en 2014), ils finiront par revenir sous une forme ou une autre. À moins qu'une raison plus impérieuse et pragmatique ne rende cette résurrection impossible : les mauvaises ventes. Si le public est maintenant habitué à ces éclipses temporaires, les premières disparitions de ce type ont tellement créé l'événement que ses initiateurs ont été dépassés. En 1982, Frank Miller, après avoir dessiné dans la série *Daredevil* la mort d'Elektra, charismatique tueuse, reçoit tant de courriers alarmants et menaçants qu'il contacte le FBI.

Vouant leur existence à la sauvegarde de l'humanité, les super-héros donnent de leur personne au point de salir leur réputation, comme Batman qui endosse les crimes du procureur Harvey Dent dans *The Dark Knight* (2008) de Christopher Nolan. En novembre 1992, Superman met fin à la menace représentée par Doomsday, l'absurde machine à tuer qui détruit tout sur son passage, mais le paye de sa vie[11]. Si leur disparition peut attrister les lecteurs et les affliger, elle a un effet cathartique. « La mort tragique d'un héros intègre dans le rapport esthétique, et de façon évidemment atténuée, les vertus d'un des rites magiques les plus archaïques et les plus universels : le sacrifice, a théorisé Edgar Morin. Le sacrifice n'est pas seulement une offrande agréable aux esprits et aux dieux ; c'est aussi un appel aux sources mêmes de la vie, selon la magie de mort-renaissance ; c'est enfin, dans certaines conditions, le transfert psychique sur une victime expiatoire des forces de mal, de malheur et de mort (comme dans le bouc émissaire du rite juif, substitut, du reste, d'un sacrifice humain primitif) qu'exorcise le rite opératoire de la mise à mort. Le sacrifice d'un être innocent et pur – agneau mystique du christianisme, jeune vierge de la tragédie grecque – est ainsi doué des plus grandes vertus purificatrices[12]. »

Les super-héros sont ainsi les supports de la catharsis, les comic books et les films qui leur sont consacrés permettent à celles et ceux qui assistent à cette représentation artistique de purger leurs passions (pour reprendre la définition d'Aristote). En regardant les super-héros sauver le monde, on ressent ainsi cet « allègement accompagné de plaisir ». Cette attirance naturelle pour le statu quo et la catharsis vont de pair avec la foi en une justice immanente : ceux qui enfreignent la loi – les super-vilains – seront forcément punis, leur faute contient déjà leur châtiment final, qui surviendra quelles que soient les péripéties. Doctor Victor Von Doom, le Joker ou Lex Luthor, ennemis respectifs des Quatre Fantastiques, de Batman ou de Superman, peuvent tisser les plans les plus diaboliques ou les plus retors, leur malveillance sera sanctionnée. Quant à celles et ceux qui luttent pour le bien, ils seront récompensés. C'est un cercle vertueux : chaque occurrence des différents super-héros nourrit cette foi.

Père et fille gagnent la sortie avec d'autres spectateurs. L'un, la vingtaine, porte un T-shirt « Captain America for president ».

La gamine demande : « Il est président de quoi, Captain America : des Avengers ? »

Le père rectifie : « Non, là, c'est comme s'il était candidat aux élections présidentielles. »

La gamine conclut : « Je voterais pour lui. Sauf qu'il ne serait jamais candidat, Captain America. »

Du mythe au modèle identificatoire

Le premier essor des super-héros, de la fin des années 1930 au début des années 1940, coïncide avec une période d'incertitude pour l'humanité. À la Première Guerre mondiale ont succédé la crise de 1929, la guerre civile espagnole, la montée du national-socialisme. Les super-héros occupent dans l'imaginaire collectif la place d'alliés providentiels destinés à sauver l'humanité, celle de prophètes de papier d'une ère meilleure – abandonné dans son vaisseau, recueilli par des fermiers, Superman a tout du Moïse moderne.

Quand, dans les années 1960, les super-héros reviennent sous les feux des projecteurs, c'est l'époque de la guerre froide, de la peur de la guerre atomique. Si les super-héros dominent actuellement l'espace culturel (en tout cas pour ce qui concerne le cinéma), est-ce parce que la technologie (les effets spéciaux) a atteint un niveau permettant de retranscrire de manière spectaculaire leurs aventures ? Ou parce que nous vivons à nouveau une période exceptionnelle de crise ? L'incertitude du citoyen actuel, entre crise économique et actes terroristes, rend-il plus fort son besoin de figures super-héroïques ? Alors que les religions et leurs interdits monopolisent le débat public et semblent mettre en péril la laïcité, une partie de la population mondiale a-t-elle besoin de croire en des figures profanes supérieures qui la dépassent ? Émerge la notion de sacrilège : certains des super-héros en sont venus à représenter des idéaux si puissants que s'écarter de leurs caractéristiques, voire leur manquer de respect, peut conduire à des réactions violentes. En 2016, montrer Captain America acquis à la cause des nazis dans un comic – le temps d'une case, il s'exclame « Hail Hydra ! » – provoque un tollé chez les fans et une vague d'indignation sur les réseaux sociaux. Sans connaître la suite de l'histoire, les lecteurs mécontents interpellent le scénariste Nick Spencer pour l'injurier… On ne touche pas à Captain America.

Auprès du public le plus fervent, ces personnages sont désormais plus que des êtres de papier ou de grand écran mais de vrais miroirs de notre société, des êtres valeureux érigés en exemples. Quand la bande-annonce du film *Wonder Woman* est dévoilée, une polémique éclate parce qu'une image a montré les aisselles de l'actrice Gal Gadot rasées. C'est le patriarcat qui l'a imposé, avancent des voix féministes, tandis que d'autres prétendent que cette Wonder Woman est fidèle à l'originale. À la sortie du film, le premier consacré à une super-héroïne et réalisé par une femme, Patty Jenkins, critiques et journalistes ne sont pas d'accord sur la portée féministe du long-métrage. Pour Christina Cauterucci, de Slate[13], il met trop en valeur le sex-appeal de l'actrice Gal Gadot. Steve Rose regrette, dans *The Guardian*[14], que le personnage du pilote Steve Trevor, interprété par Chris Pine, se montre aussi valeureux (sinon plus) que Wonder Woman. Dans l'émission de Neil Cavuto diffusée par la chaîne américaine conservatrice Fox News, les commentateurs regrettent, eux, que le costume de la super-héroïne ne soit pas aux couleurs des États-Unis. Quelle que soit leur portée, ces discussions accréditent cependant notre théorie selon laquelle les super-héros (américains, avant tout) ont acquis un statut supra-national, celui de représentants de l'humanité. Parfois même littéralement : en 2016, pour ses soixante-quinze ans d'existence, Wonder Woman a été nommée ambassadrice de l'ONU pour une campagne d'émancipation des filles et des femmes. Cette décision a provoqué un mouvement de contestation : pourquoi mettre en avant un personnage de fiction plutôt qu'une personne réelle ? Ces voix discordantes n'ont certainement pas encore accepté la place que d'autres accordent aux super-héros dans notre société actuelle, celle de symboles nécessaires, de totems modernes.

En 2015, c'est vêtue du costume de Wonder Woman que Sophia Sandoval, enfant américaine de trois ans, est prise en photo le dernier jour de sa chimiothérapie. Pendant ses soins, elle a même pris l'habitude d'écouter le thème musical de la série télé consacrée à la super-héroïne. Plus troublant, en 2013, la Garde nationale américaine profite de la sortie du film *Man of Steel* pour utiliser Superman (en l'occurrence, l'image de l'acteur Henry Cavill) dans sa campagne de recrutement. Quand, en 2007, Captain America est déclaré mort dans un comic book écrit par Ed Brubaker et dessiné par Steve Epting[15], un de ses deux créateurs, l'Américain Joe Simon, le déplore : « Il nous quitte à une très mauvaise période. Nous avons besoin de lui maintenant[16]. » Aux journalistes qui l'appellent, il racontera même être en train d'observer la shiv'ah, la période de deuil de sept jours du judaïsme[17].

Après la fusillade mortelle en juillet 2012 dans un cinéma du Colorado projetant *The Dark Knight Rises*, film clôturant la trilogie de Christopher Nolan autour de Batman, n'avons-nous pas été frappés par la cruelle ironie de cet événement ?

Car, cette fois-ci, Batman n'a rien pu faire, il était sur l'écran... Cette même ironie, le scénariste Paul Dini l'a éprouvée dans sa chair. Alors en charge, avec d'autres, de l'écriture de la série animée *Batman*, il est victime d'une très grave agression et va mettre plusieurs années à se reconstruire mentalement. Dans le livre autobiographique où il raconte comment il a remonté la pente, *Dark Knight. Une histoire vraie*[18], il se met en scène aux côtés des personnages fictionnels qu'il manipule en tant que scénariste. S'adressant à Batman, Dini écrit : « J'ai mis des années à accepter ce que tu m'avais dit, que tu avais été là pour moi cette nuit-là. Pas en tant que justicier volant à mon secours, mais dans ton rôle d'idéal, d'inspiration. Une voix surgie des ténèbres qui m'ordonne de me relever. La même voix qui nous souffle que, quand on se retrouve par terre et vaincu, on peut choisir d'être une victime ou de devenir le héros de nos propres histoires[19]. »

Quand il s'agit de super-héros, réalité et fiction ont tendance à fusionner. À la fin de la Seconde Guerre mondiale, un historien et militant des droits civiques américain, Stetson Kennedy, a infiltré le Ku Klux Klan. Comme la police n'était pas intéressée par ses informations (codes, rituels), il les aurait transmises aux producteurs du show radiophonique

Superman, alors extrêmement populaire. Si bien que, dans les seize épisodes de « Clan of the Fiery Cross », le super-héros démantèle le « Clan » tout en divulguant à l'antenne (selon la légende) les vrais secrets du K.K.K. Si, depuis, la réalité des faits a été contestée, l'affaire est entrée dans la mémoire collective sous le raccourci « Superman bat le K.K.K. ». Comme un long-métrage revenant sur cet épisode est en préparation, les articles l'évoquant titrent de la même manière, aussi « mythique ».

En composant une culture propre, les super-héros sont devenus ce qu'Edgar Morin appelle des « points d'appui imaginaires à la vie pratique ». Selon lui, la culture « nourrit l'être mi-réel, mi-imaginaire que chacun sécrète à l'intérieur de soi (son âme), l'être mi-réel, mi-imaginaire que chacun sécrète à l'extérieur de soi et dont il s'enveloppe (sa personnalité) ». Éléments de plus en plus importants de notre imaginaire, cette « structure antagoniste et complémentaire de ce que l'on appelle le réel »[20], les super-héros costumés incarnent nos désirs les plus cachés, nos rêves les moins plausibles.

L'attrait qu'ils exercent peut également être lu comme une réponse au sentiment d'abandon des citoyens par la classe politique. En janvier 2016, un sondage réalisé par Odoxa montrait que 88 % des Français interrogés estimaient insuffisant le renouvellement de la classe politique[21]. À l'élection présidentielle de mai 2017, les deux partis d'habitude abonnés au second tour (Parti socialiste et Les Républicains) ont été recalés. Aux États-Unis, lors de l'élection présidentielle de novembre 2016, un rejet similaire a eu lieu. L'importance donnée aux super-héros peut-elle compenser le manque de foi en la parole politique ? Car, oui, les super-héros respectent leurs promesses, ils ne mentent jamais, à part pour conserver leur anonymat de justicier. En temps normal, à part Black Panther, souverain du Wakandra, ils se mêlent peu de politique, ou alors contre leur gré. Ainsi, en 1980, dans sa série, Captain America repousse l'idée de candidater à la présidence des États-Unis, idée avancée par des admirateurs désireux de trouver une troisième voie politique. En 2012, dans la série *Ultimates*, il est carrément élu sans avoir postulé. En 2008, alors que la campagne américaine qui aboutira à l'élection de Barack Obama bat son plein, DC Comics publie la mini-série *DC Universe : Decisions*, où les super-héros maison expriment leur choix quant à des candidats fictifs. Batman et Green Arrow optent pour le camp démocrate au contraire de

Wonder Woman et des deux Green Lanterns, qui votent pour les conservateurs (Superman refuse de rendre son vote public).

Désormais, les super-héros servent de modèles à un dépassement de soi, on peut se projeter en eux. Dans n'importe quelle partie du monde, on rencontre des gens déguisés en Batman, Superman, Captain Marvel, Spider-Man (et même en « vilains » : Harley Quinn, le Joker, etc.). Ces personnages de fiction ont remplacé dans l'inconscient collectif les héros mythiques tels qu'Hercule, Robin des Bois ou Ulysse. Dorénavant, ce sont Superman ou Wonder Woman qui font figure de modèles de bravoure ou d'altruisme. Au-delà des cosplayeurs qui se déguisent dans le cadre de célébrations festives, on observe un mouvement inattendu : des gens s'habillent en super-héros, non pas pour s'amuser mais pour agir en tant que justiciers sociaux dans la vie réelle, pour intervenir sur leur environnement local. Aux États-Unis, ces *real life super heroes* (RLSH) seraient plus de trois cents. En raison de la clandestinité de leurs activités, ce chiffre échappe cependant à toute quantification objective. En 2011, pour son documentaire produit par HBO, *Superheroes*, le réalisateur Michael Barnett a rencontré plusieurs de ces RLSH à Orlando,

San Diego, Portland ou New York. Si un d'eux, Master Legend, revendique des super-pouvoirs (notamment spirituels) tout en ayant sur lui un « Taser », la plupart des hommes et femmes interviewées tiennent un discours sensé et ont un vrai métier. S'ils ont éprouvé le besoin de se créer un alter ego costumé, c'est souvent après avoir vécu un traumatisme. Répondant aux noms de Vigilante Spider, Insignis, Antiman, Life, Lucid ou Zimmer, ces imitateurs maîtrisent souvent les arts martiaux, utilisent leur costume pour se désinhiber et passer du statut de citoyen anonyme à celui d'acteur. Ainsi Mr Extreme estime que « ce ne sont pas les super-pouvoirs qui font les super-héros, mais les super-motivations et les actes ». Ils aident les sans-abri, patrouillent à plusieurs, luttent contre l'homophobie, tentent d'intimider les dealers ou distribuent des tracts pour alerter la population sur la présence d'un délinquant sexuel. In fine, ils remédient à l'apathie de la société américaine, et leur démarche altruiste constitue aussi un acte de contestation. Pas seulement de l'ordre social mais aussi des modèles contemporains. « Les gens se tournent vers les rappeurs, les stars de cinéma, affirme celui qui répond au nom de Life et distribue T-shirts et mots de réconfort aux SDF. Qu'ont-ils fait pour mériter cette adulation, cette idolâtrie ?

Je pense que les gens reviennent vers les mêmes mythes classiques – qui sont, dans notre cas, les super-héros. » Si leurs costumes bricolés peuvent prêter à sourire, leur action n'a rien de risible. « Ceux qui prétendent qu'ils ne sont pas réels se trompent, assène une sans-abri qui bénéficie de leur aide. Ils existent ! »

En France, le mouvement des RLSH a aussi essaimé. Fondés en 2010, les Défenseurs de France regroupent des citoyens-justiciers de Lille (Arpenteur), Paris (Citizen French), Perpignan (Andyman) ou Seine-Saint-Denis (Blue Smash). « Le costume sert plutôt de symbole, affirmait l'un d'eux, baptisé Renégat, dans une de leurs rares interviews[22]. Il est surtout là pour faire réagir les gens, les marquer. » Aëlwenn, une héroïne de la vraie vie interviewée par le journaliste Xavier Fournier[23], témoigne : « Nous sommes masqués pour rester anonymes car nous ne voulons aucune reconnaissance pour nous-mêmes, seules nos actions prévalent ; le costume permet d'attirer l'attention et de pousser les gens à s'interroger sur la solidarité, la compassion, l'aide aux démunis… »

Nietzsche au scénario ?

De retour à la maison, le père de famille s'amuse sur son ordinateur avec un logiciel de traitement d'image. Il crée un super-héros, qu'il affuble de la moustache de Nietzsche et il inscrit sur le haut de son costume « Super Z ».

Complexe et parfois contradictoire, objet de mauvaises interprétations, la notion de surhomme (ou de surhumain) telle qu'elle parcourt l'œuvre de Nietzsche reste extrêmement difficile à manier. Peut-on lui faire enfiler le costume bariolé du super-héros ? À l'inverse, celui-ci ressemble-t-il au portrait-robot de ce que le philosophe allemand essaye de nous faire entrevoir ? En tout cas, l'ombre de Nietzsche plane de manière évidente sur le corpus super-héroïque jusqu'à être expressément présent dans la tête de certains créateurs de la fin du XXe siècle, ceux de la fin de l'âge moderne (de 1986 à nos jours). Alan Moore le cite à la fin d'un chapitre de *Watchmen* (« Ne combats point les monstres ou tu deviendras monstre. Si tu regardes au fond de l'abîme, l'abîme aussi regarde en toi »). Quatre ans auparavant, Moore a déjà adressé des clins d'œil appuyés au surhomme de Nietzsche. Lorsqu'il relance avec les dessinateurs Garry Leach et Alan Davis le personnage MarvelMan[24], il ne se contente pas de citer l'œuvre du philosophe – « Regardez, je vous enseigne le surhomme. Il est éclair, il est folie. » Mais il donne au projet gouvernemental britannique à l'origine des super-pouvoirs du personnage (et de deux de ses homologues) le nom de code « Zarathoustra ». Il met aussi dans la bouche d'un individu (que ses super-pouvoirs ont rendu fou) les phrases suivantes : « Je réussirai là où tous les autres ont échoué comme ce pauvre clown allemand… un nain syphilitique prêchant la doctrine du surhomme. Ce pauvre Friedrich n'avait rien compris. Le véritable avènement du surhomme commence maintenant. » Dans *Earth X*[25], Jim Krueger, Alex Ross et John Paul Leon recyclent eux aussi *Ainsi parlait Zarathoustra*. Captain America réplique à un personnage qu'il s'apprête à affronter et qui affirme être Dieu : « Je suis Nietzsche ! »

Jerry Siegel et Joe Shuster avaient-ils à l'esprit la notion de surhomme chère à Nietzsche en créant Superman ? Ou ne pensaient-ils pas, avant tout, s'opposer au surhomme tel que les nazis l'imaginaient ? Juste avant la Seconde Guerre mondiale, la notion d'homme nouveau obsède la vulgate ouvrir intro sur le transhumanisme

du IIIe Reich. Dès 1933, Hitler met en place en Allemagne une politique eugéniste, interprétant de manière erronée *Ainsi parlait Zarathoustra* de Nietzsche et son *Übermensch*.

Dans *Ainsi Parlait Zarathoustra*, le philosophe écrit que l'humain n'existe que pour être dépassé. Pour lui, la surhumanité désigne ce dépassement de soi-même. Mais, selon l'interprétation faite par les philosophes actuels, la volonté de puissance de Nietzche n'a jamais été la volonté de domination, et le surhomme n'est pas le super-héros. « La surhumanité n'a rien à voir avec l'espèce supérieure, affirme Raphaël Enthoven discutant avec Céline Denat, spécialiste de la philosophie allemande. C'est même un antidote[26]. » Face à une reproduction d'un dessin sculptural de Superman par l'Américain Alex Ross, Raphaël Enthoven déclare : « Il est gigantesque, il est très puissant. Plus exactement, il incarne une autre figure de la surhumanité, d'un dépassement de l'humain. Et qui, pourtant, n'a rien à voir avec l'idée nietzschéenne de surhomme [...]. Il est dans un rapport de pouvoir au monde alors que le surhomme est davantage dans un rapport de puissance. » Céline Denat complète : « Le type surhumain chez Nietzsche est, à certains égards, opposé à la figure héroïque et peut-être plus encore à la figure super-héroïque. » Elle ajoute : « Pour se dépasser soi-même, il faut affronter la souffrance et la douleur. Donc, l'invincibilité, ça ne correspond manifestement pas à ce qui conduit à la surhumanité. » Ce à quoi on peut rétorquer que Superman, comme les autres super-héros, n'est pas à l'abri du chagrin. En septembre 1986, dans l'histoire en deux parties *Whatever Happened to the Man of Tomorrow* (*Les Derniers Jours de Superman*[27] en VF), Superman voit tous ses ennemis et amis se rappeler à son souvenir lors de ce qui correspond à un dernier tour de piste du personnage tel que les lecteurs l'ont connu pendant plusieurs décennies avant un reboot opéré pour les plus jeunes[28]. Comme s'il était conscient qu'une page se tourne, choqué par l'apparition de sa cousine Supergirl venue du futur (elle est morte dans son « présent »), tout invincible qu'il est, sous le coup de l'émotion il pleure à chaudes larmes dans sa chambre. En revanche, selon Céline Danat, la finalité de la puissance selon Nietzsche n'est pas d'exercer un pouvoir sur autrui. Superman, lui, recherche le pouvoir, « une capacité d'avoir une autorité, d'avoir des effets immédiats sur les autres, sur le monde[29] ». Contrairement aux justiciers costumés, le surhumain nietzschéen ne se définit pas par l'exercice d'un (super-)pouvoir, n'est au service d'aucun idéal. Selon Peter Pütz, il « ne saurait désigner quelqu'un qui tend avec effort vers un but, qui est déchiré entre la volonté d'agir et l'accablement du désespoir[30] ». Déterminés à rendre la justice, à sauver le monde, les super-héros cadrent mal avec cette affirmation.

Cependant, pour le philosophe français Thibaut de Saint-Maurice, lorsque Superman assume sa double identité, il devient un surhomme nietzschéen. « Pour Nietzsche, le surhomme n'est pas celui qui est plus fort que les autres et qui les domine, c'est d'abord celui qui est plus fort que lui-même et qui parvient à se dominer en assumant tous les personnages qui sont en lui et qui naissent au gré de ses désirs. Sans se cacher ni se rabattre sur l'identité la plus socialement acceptée. Superman comme le surhomme choisissent la voie de la difficulté mais aussi, en un sens, celle de l'épanouissement de toutes les dimensions de leur être[31]. » En conjuguant l'humain falot Clark Kent et le colosse invincible Superman, l'extraterrestre venu de Krypton incarnerait donc ce surhomme tendant vers le dépassement de soi. Pour les autres super-héros, la question de l'épanouissement divise. Batman/Bruce Wayne ou Iron Man/Tony Stark assument leur dualité. En revanche, Peter Parker, plus d'un demi-siècle après sa première apparition, doit toujours cacher qu'il est aussi Spider-Man (dans ses dernières aventures dessinées, le super-héros dit être le garde du corps de Parker). Un personnage comme Hulk/Bruce Banner vit mal sa double identité. C'est en perdant le contrôle, l'« ascendant du ça sur le surmoi » selon l'auteur Christophe Beney[32], que Bruce Banner se transforme en monstre couleur de jade.

Umberto Eco a, pour sa part, cité son compatriote Antonio Gramsci, selon lequel « beaucoup de la prétendue "surhumanité" nietzschéenne a comme origine et modèle doctrinal non pas Zarathoustra mais le Comte de Monte-Cristo d'Alexandre Dumas »[33]. Une réflexion à remettre dans son contexte, puisque Gramsci luttait contre les idées de Mussolini – qui l'a emprisonné en 1927 jusqu'à sa mort dix ans plus tard.

Humains, après tout ?

Après avoir sauvegardé son dessin de super-héros nietzschéen, le père prépare le repas, puis il va chercher sa fille. Il l'interrompt en pleine lecture de Miss Marvel, *histoire d'une jeune lycéenne contrainte de gérer sa double vie de super-héroïne. Elle lui dit, en montrant une case où la protagoniste doit s'éclipser de l'école : « Tu vois, ça lui arrive aussi de manquer des cours. »*

Ce qui nous plaît dans la figure du super-héros tient certes en sa capacité à s'opposer aux menaces grâce à des pouvoirs qui nous échappent. Mais l'attrait qu'ils exercent sur nous ne vient-il pas aussi de leur humanité, de leurs failles ? L'idée qu'un justicier aussi puissant que Batman puisse exister est un fantasme qui rassure et apaise (le temps du fantasme). Mais nous savons que, derrière le masque, se cache un être de chair et de sang, et cette relative vulnérabilité le rapproche de nous. Mis à part les milliardaires Bruce Wayne et Tony Stark, tous les super-héros partagent une partie des soucis des lecteurs et des spectateurs. Comme un couple normal, Jessica Jones et Luke Cage doivent gérer la naissance de leur enfant tout en subissant des menaces extraordinaires. Certains occupent des métiers traditionnels à côté de leur fonction héroïque. Superman gagne sa vie en tant que journaliste sous l'identité de Clark Kent, Peter Parker comme photographe ou chercheur, Wonder Woman comme infirmière. Si les super-héros nous séduisent, c'est qu'ils sont presque semblables à nous. Les personnages d'origine extraterrestre ou divine sont d'ailleurs à la recherche de cette humanité, pour mieux se fondre dans le moule ou parce qu'ils envient les humains (en témoigne le comportement de l'androïde Vision qui, jalousant la richesse de nos sentiments, se crée une famille[34]).

Pour que l'identification soit effective, une proximité doit s'installer entre eux et nous. Selon Edgar Morin, « l'optimum de l'identification s'établit à un certain équilibre de réalisme et d'idéalisation ; il faut qu'il y ait des conditions de vraisemblance et de véridicité qui assurent la communication avec la réalité vécue, que les personnages participent par quelque côté à l'humanité quotidienne[35] ». Une convergence d'aspirations est un autre préalable. Un individu au comportement antisocial et autodestructeur prendra peu de plaisir à suivre les aventures de justiciers. De plus, à moins que le personnage ne vienne juste d'hériter de ses facultés hors norme – auquel cas l'identification se traduit par la question : « Comment réagirais-je à sa place ? » –, une distance doit subsister, « il faut aussi que l'imaginaire s'élève à quelques paliers au-dessus de la vie quotidienne[36] ».

Bien qu'ils soient des êtres de papier ou de grand écran, dans nos esprits ils sont à la fois distants de nous – de par leurs super-pouvoirs – et proches de par leurs préoccupations parfois très matérielles. Ils doivent tous affronter leur humanité, qu'elle soit réelle ou, au contraire, souhaitée en vue d'une intégration plus facile, d'un meilleur camouflage. L'humanité peut être une punition : parce que Odin juge son fils Thor indigne de lever son marteau Mjöllnir, il le condamne à oublier sa condition divine et à vivre dans la peau de Donald Blake, un médecin infirme américain. C'est seulement quand Blake tombe par hasard en Norvège sur le marteau que Thor retrouve ses pouvoirs et la mémoire. Oui, les super-héros sont imparfaits, comme les dieux dont ils s'inspirent plus ou moins directement. Les membres du panthéon grec sont capables de jalousie, de vengeance, de stratagème. Zeus lui-même a une réputation d'obsédé sexuel, ce qui, selon Luc Ferry, « n'est pas tout à fait faux et, les hommes ayant inventé les dieux, il n'est pas impossible qu'ils aient projeté un certain nombre de leurs fantasmes sur ceux auxquels ils donnaient une existence aussi bienheureuse[37] ».

Justement, ce qui distingue dieux et hommes des super-héros tient à la sexualité. Pour ces derniers, il s'agit d'abstinence. Bien sûr, les menaces de censure du Comics Code aux États-Unis et, en France, de la Commission de surveillance et de contrôle sur les publications destinées à la jeunesse ont eu un rôle préventif. Les super-héros avaient une vie amoureuse mais platonique, seuls étaient échangés des baisers langoureux. Certains des auteurs les plus audacieux parvenaient toutefois à se montrer plus suggestifs. À la fin des années 1960, Jim Steranko prend en main le personnage de Nick Fury, un agent secret charismatique. Dès qu'il y a une pause dans l'aventure, il se concentre sur la relation entre Fury et sa *girlfriend*, la comtesse et agente Valentina Allegro de Fontaine. Une planche de *Nick Fury, agent of SHIELD* numéro 2[38] transforme chaque case en symbole sensuel : une rose dans la main de Valentina, un disque qui tourne sur la platine, un cigare qui se retrouve dans le cendrier, les deux têtes qui se rapprochent, un gros plan sur les lèvres de Valentina, un téléphone qui sonne… De manière ironique, pour respecter le Comics Code, Marvel a remplacé la dernière case – une étreinte vigoureuse – par l'image d'un pistolet phallique dans son holster. À partir des années 1970, les organismes de contrôle ont desserré leur emprise, la libido des super-héros s'est légèrement étoffée. Clin d'œil à la sexualité plus débridée des divinités grecques, chez Marvel, c'est Hercule le personnage le plus ouvertement dragueur. Mais le sexe reste tabou ou ambigu. En 1980, le très malsain et misogyne épisode 200 des *Avengers* montre la première Ms. Marvel (Carol Danvers) enceinte, manifestement contre son gré. Sans s'émouvoir, la troupe de justiciers découvre que le père de l'enfant, un voyageur spatio-temporel, a kidnappé Ms. Marvel et l'a conquise avec le renfort de machines. Néanmoins le pseudo couple repart ensemble. Dans le premier numéro du fanzine *LOC*, Carol A. Strickland revient avec une fureur légitime sur ce viol de Ms. Marvel[39].

Depuis le troisième millénaire, les héros se sont enhardis et, n'étant plus limités à l'hétérosexualité, ont vécu un début de libération sexuelle. Tony Stark et Pepper Pots (interprétés à l'écran par Robert Downey Jr et Gwyneth Paltrow) forment un couple sexy. Dans la série *Jessica Jones* produite pour un public adulte par Netflix, on voit même l'héroïne et Luke Cage faire l'amour. Mais cette scène érotique fait figure d'exception. La constante reste les ellipses pudiques et les coïts invisibles. Ainsi, le temps d'une page, on pourra apercevoir Captain America et Sharon Carter dans un lit aux draps froissés. Comme si leur sexualité n'avait pas sa place dans le corps du récit mais entre les lignes et surtout en dehors des cases. Une préoccupation trop bassement humaine qui ternirait l'éclat de nos modèles ? A-t-on peur de se transformer en voyeurs de nos héros ? Une situation étonnante au regard des corps athlétiques, vêtus de matières moulantes, représentés de manière ultra-sexuée dans les comics ou sur les écrans. Le public semble pourtant refuser des lectures trop explicitement érotiques. En 2014, une illustration de l'artiste italien Milo Manara représentant Spider-Woman les fesses extrêmement cambrées a créé l'indignation. Le dessinateur américain Frank Cho a pour sa part arrêté de concevoir des couvertures pour *Wonder Woman* parce que l'auteur de la série Greg Rucka les trouvait trop vulgaires et l'héroïne trop en chair.

En réalité, la sexualité des super-héros demeure un domaine fantasmatique. Dès les années 1940, Superman, Batwoman ou Green Arrow ont figuré dans les *Tijuana Bibles*, ces parodies pornographiques clandestines produites aux États-Unis et mettant en scène les héros populaires d'alors (Mickey et Minnie y ont eu droit). Bien plus récemment, les Français Tony Émeriau et Xav se sont livrés à de joyeuses pochades pornographiques similaires[40].

Au milieu des années 1980, le cinéaste et auteur franco-chilien Alejandro Jodorowsky s'amuse à imaginer de manière extravagante la vie sexuelle de certains super-héros. « À cause de ses éjaculations qui ont la force de tir des plus puissants canons de guerre, Superman est condamné au plus strict célibat[41]. » Plastic Man des Quatre Fantastiques l'inspire plus spécialement : « Si l'homme élastique peut satisfaire une femme mieux que quiconque, hélas aucune femme ne peut le combler, lui. [...] Et on n'y peut rien : il possède onze mille verges et la femme ne possède qu'un seul cul[42]. » L'auteur italien Marco Mancassola est allé plus loin en bâtissant un thriller autour de la vie sexuelle de Batman ou de Plastic Man[43]. Dans son roman, ledit Plastic Man constate au sujet de son pénis : « La seule partie de mon corps que je ne peux pas contrôler. » Un docteur qu'il consulte généralise : « Vous, les super-héros, vous avez toujours des problèmes avec le sexe [et] vous n'arrivez pas à comprendre le corps d'autrui, car il est trop différent du vôtre. »

Parfois monstrueux, souvent imparfait, le corps des super-héros est source de handicap. Le professeur agrégé des sciences économiques et sociales Thierry Rogel considère d'ailleurs le handicap comme un critère supplémentaire : « En recensant les principaux super-héros, on s'aperçoit que tous, à quelques exceptions près, ont un handicap physique, psychologique ou social à surmonter. Il apparaît clairement que le handicap fait le super-héros comme il fait le dieu[44]. » Les handicaps les plus visibles sont physiques : une fragilité cardiaque pour Tony Stark/Iron Man, la cécité pour Daredevil, l'hémiplégie pour le professeur des X-Men Charles Xavier. Rogel cite d'ailleurs Claude Lévi-Strauss, lorsque celui-enquête sur les mythes d'Amérique du Sud : « Aveugles ou boiteux, borgnes ou manchots sont des figures mythologiques fréquentes par le monde, et qui déconcertent parce que leur état nous apparaît comme une carence. [...] Les mythes confèrent souvent aux infirmes et aux malades une signification positive : ils incarnent des modes de la médiation[45]. »

Quant à Superman, il possède un talon d'Achille. La présence de la kryptonite verte[46] l'affaiblit, une situation quasi paradoxale : il s'agit d'un morceau de roche provenant de sa planète natale Krypton, qui a été détruite par une arme radioactive. Peut-on y voir une métaphore ? Ses racines constituent-elles un boulet à traîner ? De manière ironique, l'invincibilité et la puissance de Superman constituent un handicap pour... celles et ceux qui s'occupent de raconter ses aventures. Quand en 1971 le scénariste Dennis O'Neil reprend la série

Superman avec le dessinateur Curt Swan, il juge le personnage malade, atteint par l'« éléphantiasis des pouvoirs », et le force à saigner, à perdre une partie de ses pouvoirs. « Superman était trop puissant [...]. Si l'on avait vraiment voulu rester cohérent, il aurait pu résoudre tous les problèmes qui se présentaient à lui dès la deuxième page[47]. » Pour Jane Foster, l'infirmière devenue Thor depuis le relaunch *All-New, All-Different* de Marvel datant de 2015, le pouvoir hors norme dont elle dispose l'entraîne dans un cercle vicieux. Suivant une chimiothérapie pour soigner un cancer du sein, dès qu'elle saisit le marteau Mjöllnir et se transforme en Thor, elle annule les effets de son traitement. Bien que moins dramatique, le handicap du X-Man Cyclope est lié à son pouvoir, ces rayons d'énergie qui s'échappent de ses yeux et qu'il doit constamment maîtriser.

Pour David Haller, alias Legion, le pouvoir est source d'un désordre psychologique. Fils de l'Israélienne Gabrielle Haller et du professeur Xavier, il survit à un attentat commis par des terroristes arabes mais le traumatisme déclenche ses pouvoirs psychiques. Parce que son cerveau est habité par plusieurs personnalités (dont celle d'un terroriste), il se trouve dans un état catatonique avant de comprendre sa situation. La série télévisée adaptant l'histoire de ses origines[48] est bâtie sur l'ambiguïté de ce personnage au nom biblique – on lit dans l'évangile selon saint Marc, chapitre 5, verset 9 : « Mon nom est Légion car nous sommes nombreux. » Lui qui entend des voix dans sa tête est-il mentalement instable ou pourvu d'un pouvoir jamais vu ?

Le handicap peut se situer au niveau social. Souvent obligé d'agir dans l'ombre, dans le secret de sa famille ou de ses amis, le super-héros masqué accepte mal les conséquences de cette double vie comme la nécessité de mentir ou de passer pour un autre (Superman a besoin que Clark Kent soit considéré comme lâche ou faible pour ne pas être démasqué). Réveillé après avoir été emprisonné par la glace dans les années 1950, Captain America souffre pendant longtemps d'une inadéquation avec l'époque moderne. Pendant un temps, Tony Stark va être mis au ban de la communauté des super-héros et quitter son armure d'Iron Man à cause de son alcoolisme chronique. La famille peut aussi être source de freins – dans la série Marvel des *Runaways* (*Les Fugitifs*[49] en VF), les jeunes super-héros ont tous des parents criminels. Depuis que sa femme et ses enfants ont été assassinés, le Punisher est lancé dans une sanglante vengeance dont il ne peut s'extirper – arrêter et éliminer des criminels ne lui rendra pas sa famille.

La situation la plus complexe est sans doute celle de Peter Parker/Spider-Man, lesté par le poids des remords. D'abord, il doit vivre avec la culpabilité qui est la sienne depuis la mort de son oncle Ben, mort qu'il aurait pu, en tant que Spider-Man, empêcher s'il n'avait pas laissé fuir le voleur. D'autres décès le hanteront : celui du père de sa petite amie, le capitaine Stacy, puis celui de cette même bien-aimée Gwen Stacy, enlevée par un de ses ennemis, le Bouffon vert. Au sujet de Gwen, les questions hanteront longuement Parker : s'il n'avait pas assumé ses responsabilités de justicier, le Bouffon vert aurait-il kidnappé Stacy ? A-t-il le droit, malgré ses pouvoirs, de rentrer dans le rang ? Dans le film *Spider-Man* de 2002[50], Parker repousse l'amour de Mary Jane Watson parce qu'il ne veut pas renoncer à sa charge de super-héros ni mettre en danger la jeune femme. « Quoi que puisse me réserver la vie, jamais je n'oublierai ces mots : "Un grand pouvoir implique de grandes responsabilités." Ceci est mon don, ma malédiction. » Pour Dick Tomasovic[51], professeur à l'université de Liège, « Peter Parker est tiraillé entre les archétypales conceptions de Max Weber : l'éthique de la conviction et l'éthique de la responsabilité ». En 1919, dans sa conférence « La profession et la vocation de politique[52] », le sociologue allemand Max Weber distingue « deux maximes » auxquelles « toute action d'inspiration éthique peut obéir ». Il explique « qu'il existe une opposition profonde entre l'action qui se règle sur la maxime de l'éthique de la conviction [...] et celle qui se règle sur la maxime de l'éthique de responsabilité selon laquelle l'on doit assumer les conséquences (prévisibles) de son action ». Tomasovic l'applique à Spider-Man : « La première ordonne au héros d'adopter sans faille et coûte que coûte les valeurs super-héroïques sans se soucier d'éventuelles répercussions fâcheuses [...], or cette position lui est intenable [...]. La seconde [...] l'invite à mesurer ses gestes au point de s'abstenir d'agir. » Si Parker a le choix entre faire le bien ou s'abstenir, dans les deux cas, il peut « provoquer le mal »[53]. Ce tiraillement n'épargne pas un autre super-héros tel que Captain America. Son engagement contre la loi de recensement de *Civil War*[54] le montre animé par l'éthique de conviction. Ce qu'écrit Max Weber lui correspond : « Le partisan de l'éthique de conviction ne se sent "responsable" que d'une chose : empêcher que ne s'éteigne la flamme de la protestation contre l'injustice de l'ordre social[55]. » Sauf que Captain

America est prêt à défendre ses convictions jusqu'à un certain point. À la fin de *Civil War*[56], alors que le conflit des super-héros a ravagé une partie de New York et qu'il est entouré par une foule belliqueuse, il prend conscience des dommages collatéraux, choisit l'éthique de responsabilité et se rend. « Nous ne nous battons plus pour les gens, [...] tout ça ne rime à rien. »

Pour revenir à Parker, ce qu'il doit affronter illustre, pour son plus grand malheur mais suscitant ainsi plus d'empathie chez les lecteurs, le principe de la « double contrainte » conceptualisé en 1956 par l'anthropologue anglais Gregory Bateson. Parker doit faire face à un nœud moral qu'il ne peut démêler. Souvent, il est soumis à des injonctions paradoxales, le devoir de l'action (il peut sauver des vies, mais ses gestes sont susceptibles d'avoir de mortelles conséquences pour les autres) et la nécessité de l'inaction (ses proches ne risqueront rien mais des innocents seront menacés). Ainsi, il se sépare de son premier amour, Betty Brant, parce qu'elle ne pourra être heureuse en partageant la vie d'un justicier tel que lui, constamment en danger. Il préfère les rendre malheureux, elle et lui, plutôt que de renoncer à son costume et à ses responsabilités. Pendant qu'il est photographe free-lance pour le *Daily Bugle*, son rédacteur en chef, J. Jonah Jameson, lui commande des photos de Spider-Man. Ce qui l'oblige en pleine mission à penser au cadre, etc. Il obtient les clichés demandés alors même que Jameson – il le sait – les utilisera pour mener sa croisade anti-Spider-Man. S'il refusait de travailler pour son chef, il devrait trouver une autre activité professionnelle sans doute moins compatible avec celle de justicier. En 2007, son mariage avec Mary Jane Watson date de vingt ans dans la continuité des comics. Pour sauver sa tante May de la mort, Parker/Spider-Man accepte un pacte faustien avec le démon Méphisto : il sacrifie l'amour conjugal contre la vie d'une personne de sa famille. Quand il se réveille le lendemain, leur mariage n'a jamais existé[57]… En l'occurrence un procédé de deus ex machina confortable pour l'éditeur (Parker célibataire provoque plus l'empathie). Quoi qu'il en soit, altruiste, Parker choisit toujours l'action, donc d'aider la justice. Mais ce que ses proches et lui-même endurent le tourmente, aiguillon moral qui ne disparaît jamais. C'est ce courageux choix qui lui vaut l'admiration des lecteurs et spectateurs.

Handicapés, mal intégrés socialement, menant une double vie, les super-héros sont en train de former un nouveau panthéon parce que, à l'image des dieux anciens, ils nous ressemblent. Parce qu'ils s'abandonnent corps et âme à leur combat pour l'humanité, parce que leur grandeur nous inspire, l'humanité les admire et croit de plus en plus en eux. Grâce à eux, les stigmatisés, auxquels nous appartenons tous, à un moment de notre vie et à des degrés divers, prennent leur revanche.

Conclusion

Dans la ville fictive de Gotham, Batman est un tel symbole que, si Bruce Wayne n'est pas en état de porter le costume du super-héros, d'autres se dévouent et s'en chargent. De même pour Captain America : des remplaçants ont suppléé Steve Rogers quand il était dans l'incapacité de remplir ce rôle ou démissionnaire. Cette nécessité d'avoir ces justiciers est logique dans le cadre de la fiction, mais elle s'impose aussi de plus en plus dans notre réalité. Pour l'écrivain américain Joseph Campbell, l'inventeur du « monomythe » (concept selon lequel tous les mythes racontent la même histoire), « la fonction principale de la mythologie et du rite a toujours été de fournir à l'esprit humain les symboles qui lui permettent d'aller de l'avant et l'aident à faire face à ces fantasmes qui le freinent sans cesse[58] ». Il ajoute que l'homme n'est pas maître des symboles de la mythologie. Les super-héros ont, pourtant, été créés par de simples humains afin de redonner de l'espoir à leurs congénères. Arrivera-t-il un moment où nous cesserons de croire en eux de la même manière que l'humanité a perdu la foi en un panthéon de dieux devenus obsolètes ?

Contrairement aux divinités grecques ou sumériennes, les super-héros sont (littéralement) des produits, leur culte est entretenu par des éditeurs qui n'ont aucune raison, sauf en cas de catastrophe industrielle, de stopper des publications lucratives, initiées depuis des décennies. Ils ne priveront pas leur lectorat de leur dose mensuelle de *Spider-Man* ou de *Wonder Woman.* Celles et ceux qui ont pris l'habitude d'être accompagnés par ces figures – leur vouant parfois une fidélité à toute épreuve depuis leur jeunesse – seront maintenus dans cet état de dépendance et leur base semble encore s'élargir, puisque les enfants se voient désormais proposer un vaste éventail de programmes super-héroïques. Quant à la partie la moins mordue du public, celle qui en est venue à tolérer leur omniprésence dans le paysage culturel, elle mise certainement sur un effet de mode. Mais, non contents de constituer un business juteux, les super-héros semblent bien enracinés dans notre imaginaire au point que le monde s'apprête à passer le premier siècle de ce troisième millénaire en leur compagnie. Pour que ceux-ci disparaissent, peut-être même faudrait-il que survienne vraiment… cette fin du monde contre laquelle ils ne cessent de se battre. Parier sur la pérennité des super-héros ne paraît donc pas déraisonnable. Un jour, sans doute, un exemplaire d'*Action Comics* numéro 1 – il en reste une cinquantaine et leur valeur unitaire peut dépasser les trois millions de dollars[59] – sera traité avec la même déférence qu'une métope du temple de Zeus datant du Ve siècle avant J.-C. et exposé au Louvre. Apprendra-t-on en classe, dans cinquante ans ou dans un siècle, les cycles et sagas de Superman, Wonder Woman ou Spider-Man ?

Pour les allergiques aux super-héros, la croyance en ces personnages colorés constitue sans doute le symptôme d'une crise de folie collective, le signe d'un coupable égarement spirituel ou d'une dégénérescence morale. Les récits des super-héros ne se révèlent pourtant pas plus invraisemblables que les exploits d'Hercule à qui rien ne résiste, pas même le royaume souterrain et infernal d'Hadès. Alors que la vénération des stars et des people s'inscrit dans une quête matérialiste, le triomphe actuel de ces justiciers désintéressés comble certainement notre appétence pour les mythes et relève d'une nécessaire hygiène de l'imaginaire. Bien qu'une partie de l'humanité dispose d'impressionnants moyens technologiques pour s'évader et rêver, la psyché du XXIe siècle semble révéler que, comme durant l'Antiquité, nous avons toujours besoin d'êtres qui nous dépassent, de supports à la transcendance. Que les super-héros occupent cette fonction dans notre imaginaire mondialisé n'a finalement rien de dégradant… Et si leur capacité à nous soutenir constituait le plus important de leurs super-pouvoirs ?

Glossaire

Annual : Numéro spécial qui paraît une fois dans l'année, généralement plus long que les épisodes normaux.

Comic book : Périodique d'une trentaine de pages centré sur une série ou un personnage.

Comics Code : Code de bonne conduite auquel les éditeurs américains se sont soumis de plus ou moins bonne grâce de 1954 à 2001.

Cosplay : Ce mot-valise anglais désigne le costume permettant de ressembler à un personnage de la culture pop.

Crossover : Événement qui bouleverse les intrigues de plusieurs séries et peut donner lieu à une éventuelle série éphémère commune.

Graphic novel : Roman graphique d'une centaine de pages.

Mini-série : Série au nombre d'épisodes limité.

Origin story : Histoire qui revient sur les origines des super-héros, sur le moment où ils acquièrent pouvoirs et/ou vocation.

Reboot : Redémarrage qui consiste à reprendre depuis son début l'histoire d'un ou plusieurs personnages comme si elle était racontée pour la première fois. Au cinéma, un reboot s'accompagne d'un changement d'acteurs.

Relaunch : Stratégie commerciale d'une maison d'édition consistant à relancer une ou plusieurs séries de comics à partir du n° 1 pour attirer un nouveau public. Cette relance, qui peut être confiée à de nouvelles équipes artistiques, n'efface pas la chronologie mise en place autour du ou des personnages concernés.

Retcon (de *retroactive continuity*) : Décision scénaristique par laquelle des auteurs modifient de manière rétroactive la biographie d'un personnage.

Run : Période pendant laquelle un auteur prend en charge un personnage ou une série.

Serial : Feuilleton télévisé ou radiophonique.

Spin-off : Série dérivant d'une série principale qui se concentre sur un ou plusieurs personnages plus ou moins secondaires.

Variant : Couverture alternative d'un comic book, effectuée par un artiste invité pour une réimpression ou un événement.

Bibliographie

Becker H.S., *Outsiders. Études de sociologie de la déviance*, trad. Briand J.-P. et Chapoulie J.-M., Paris, Métailié, 1985.

Campbell J., *Le Héros aux mille et un visages*, trad. Crès H., Paris, Robert Laffont, 1977.

Claremont C., Byrne J. et Cockrum D., *X-Men. L' Intégrale, 1981*, Saint-Laurent-du-Var, Panini Comics, 2004 pour la 1re édition.

Collectif, *L'Art de DC, l'aube des super-héros*, catalogue de l'exposition, Art Ludique Le Musée/ DC, 2017.

Eco U., *De Superman au surhomme*, trad. Bouzaher M., Paris, Grasset, 1993.

Ferry L., *Mythologie et philosophie. Le Sens des grands mythes grecs*, Paris, Plon / Le Figaro, 2016.

Fournier X., *Super-héros, une histoire française*, Paris-San Francisco, Huginn & Muninn, 2014.

Gabilliet J.-P., *Des comics et des hommes. Histoire culturelle des comicbooks aux États-Unis*, Nantes, Éditions du Temps, 2004.

Gaiman N., *La Mythologie viking*, trad. Marcel P., Au Diable Vauvert, 2017.

Goffman E., *Stigmate. Les Usages sociaux du handicap*, Paris, Éditions de Minuit, 1963 pour la 1re édition.

Howe S., *Marvel Comics. L'Histoire secrète*, trad. Vizcarro P., Nice, Panini Books, 2015.

Krueger J., Ross A. et Leon J. P., *Earth X*, Saint-Laurent-du-Var, Panini Comics, 2013.

Lainé J.-M., *Super-Héros ! La Puissance des masques*, Lyon, Les Moutons électriques, 2011.

Lee S. et Kirby J., *Avengers 1963-1964*, Saint-Laurent-du-Var, Panini Comics, 2006 pour la 1re édition.

Lee S., Thomas R. et Roth W., *X-Men. L'Intégrale, 1966*, Saint-Laurent-du-Var, Panini Comics, 2008.

Mancassola M., *La Vie sexuelle des super-héros*, trad. Raynaud V., Paris, Gallimard, 2011.

Millar M. et Mc Niven S., *Civil War*, Saint-Laurent-du-Var, Panini France, 2008.

Miller F. et Janson K., *The Dark Knight Returns*, Paris, Urban Comics, 2014.

Moore A. et Bolland B., *Killing Joke*, Paris, Urban Comics, 2014.

Moore A. et Gibbons D., *Watchmen*, Paris, Urban Comics, 2012.
Moore A. et Ha G., *Top 10. L'Intégrale*, Paris, Urban Comics, 2015.
Morin E., *L'Esprit du temps*, Paris, Grasset, 1962.
Pasamonik D. et Kotek J. (dir.), *Shoah et bande dessinée, l'image au service de la mémoire*, Paris, Denoël, coll. « Denoël Graphic », 2017.
Rogel T., *Sociologie des super-héros*, Paris, Hermann, coll. « Société et pensées », 2012.
Sutter L. de (dir.), *Vies et morts des super-héros*, Paris, PUF, 2016.
Weber M., *Le Savant et le politique*, nouvelle trad. Colliot-Thélène C., Paris, La Découverte, 2003.
Winckler M., *Super-héros*, Vanves, EPA, 2003.
Zanco J.-P., *La Société des super-héros. Économie, sociologie, politique*, Paris, Ellipses, 2012.

Remerciements

Merci à Mazarine Pingeot et Sophie Nordmann pour leur enthousiasme et leur soutien, merci à Vanessa Springora pour ses conseils judicieux et sa lecture rigoureuse, merci à Lauren Malka, qui a ouvert la voie.

Notes

Avant-propos

1. Umberto Eco, *De Superman au surhomme*, Paris, Grasset, 1993.

I
De quoi les super-héros sont-ils le nom ?

Des pouvoirs livrés avec le costume

1. Héros d'aventures publiées par Fawcett Comics, rachetées par DC Comics, ce personnage n'a rien à voir avec son homonyme de chez Marvel Comics, créé en 1967 par Stan Lee et Gene Colan.

2. Le personnage de Marvel Comics, à ne pas confondre avec celui de Fawcett Comics.

3. Neil Gaiman, *La Mythologie viking*, trad. P. Marcel, Au Diable Vauvert, 2017.

4. Stan Lee et Jack Kirby, *Avengers 1963-1964*, Saint-Laurent-du-Var, Panini Comics, 2015.

5. Martin Winckler, *Super-héros*, Vanves, EPA, 2003.

6. Interview de Xavier Fournier par l'auteur, 23 décembre 2014.

7. « Le premier super-héros est français », Denis Lefebvre dans *Historia Spécial* n° 18, juillet-août 2014.

8. Christophe Beney, Tristan Garzia, Dan Hassler-Forest *et al.*, Laurent de Sutter (dir.), *Vies et morts des super-héros*, Paris, PUF, 2016.

9. Le Dr Fatalis en VF.

La justice, notion élastique

10. Jean-Paul Gabilliet, *Des comics et des hommes. Histoire culturelle des comic books aux États-Unis*, Nantes, Éditions du Temps, 2004.

11. David Michelinie, Bob Layton et John Romita Jr, *Iron Man. Le Diable en bouteille*, Saint-Laurent-du-Var, Panini Comics, 2007.

12. Mary Wolfman et George Perez, *Crisis on Infinite Earth*, Paris, Urban Comics, 2016, pour la VF.

13. Stan Lee et Jack Kirby, *Avengers. L'intégrale, 1965*, Saint-Laurent-du-Var, Panini Comics, 2007.

14. Sartre a écrit dans *Les Mains sales* (1948) : « Tous les moyens sont bons quand ils sont efficaces. »

Malcolm X (1925-1965) a repris « *by any means necessary* » dans un de ses discours.

15. Stan Lee, Roy Thomas et Werner Roth, *X-Men. L'intégrale, 1966*, Saint-Laurent-du-Var, Panini Comics, 2006 pour la 1re édition.

16. Chris Claremont, John Byrne et Dave Cockrum, *X-Men, L'intégrale, 1981*, Saint-Laurent-du-Var, Panini Comics, 2004 pour la 1re édition.

17. Frank Miller, Klaus Janson et Lynn Varley, *The Dark Knight Returns*, Urban Comics, 2012.

18. Alan Moore et Dave Gibbons, *Watchmen*, Paris, Urban Comics, 2012.

19. Thierry Rogel, *Sociologie des super-héros*, Paris, Hermann, 2012.

20. Traduction de la locution latine du poète romain Juvénal « *Quis custodiet ipsos custodes ?* ».

21. Alan Moore et Brian Bolland, *Killing Joke*, trad. Jérôme Wicky, Paris, Urban Comics, 2014.

22. *Batman* (1989) et *Batman, le défi* (1992).

23. *X-Men 2*, réalisé par Bryan Singer, 2003.

24. Par Mark Bagley, Brian Michael Bendis, Bill Jemas *et al.*, New York, Marvel, 2002.

25. Brian K. Vaughan et Tony Harris, *Ex Machina*, Paris, Urban Comics, 2013-2016, 5 tomes.

26. Ed Brubaker et Mike Perkins, *La Mort de Captain America* (*Civil War*, tome 3), Saint-Laurent-du-Var, Panini Comics, 2008.

27. Greg Pak, Carlo Pagulayan, Aaron Lopresti *et al.*, *Planète Hulk*, Saint-Laurent-du-Var, Panini Comics, 2013.

28. Une remarque faite par le critique Jim Hoberman dans sa tribune du *Guardian* du 11 mai 2012, « The Avengers : why Hollywood is no longer afraid to tackle 9/11 », reprise par Jacky Goldberg dans « Après le désastre », publié dans *Les Inrockuptibles*, hors-série « Les super-héros, dieux d'Hollywood », 2015.

29. Brian Posehn, Gerry Duggan et Scott Koblish, *Deadpool 40*, janvier 2015, à lire dans l'album *Deadpool, tome 7*, Panini Comics.

30. Collectif, *Love is Love*, San Diego, DC and IDW Publishing, 2016. Publication française chez Bliss Comics, Bordeaux, en novembre 2017.

31. Mark Millar et John Romita Jr, trad. Alex Nikolavitch, *Kick-Ass*, Saint-Laurent-du-Var, Panini Comics, 2010-2014, 3 tomes.

II
Un nouveau regard

Un émerveillement très encadré

1. Jean-Paul Gabilliet, *Des comics et des hommes. Histoire culturelle des comic books aux États-Unis*, *op. cit.*

2. *Ibid.*

3. *Ibid.*

4. Xavier Fournier, *Super-héros, une histoire française*, Paris-San Francisco, Huginn & Muninn, 2014.

5. *Ibid.*

6. Interview par l'auteur, 23 décembre 2014.

7. Edgar Morin, *L'Esprit du temps*, Paris, Grasset, 1962.

8. *Ibid.*

9. Umberto Eco, *De Superman au surhomme*, *op. cit.*

10. Edgar Morin, *L'Esprit du temps*, *op. cit.*

Le temps du côté des super-héros

11. Umberto Eco, *De Superman au surhomme*, *op. cit.*

12. Edgar Morin, *L'Esprit du temps*, *op. cit.*

13. *Ibid.*

14. *Ibid.*

15. Il le fera en 2001, quand la société américaine aura évolué, avec la série BD *X-Treme X-Men* (Saint-Laurent-du-Var, Marvel France, 2002-2005).

16. Relevé par Sean Howe dans *Marvel Comics. L'histoire secrète*, Nice, Panini Books, 2015.

17. *The Village Voice*, 1er avril 1965.

18. Stan Lee et John Romita Sr., *Spider-Man. L'intégrale, 1969*, Saint-Laurent-du-Var, Marvel France, 2004 pour la 1re édition.

19. Dennis O'Neil et Neal Adams, *Superman vs Muhammad Ali*, Saint-Cloud, Atlantic Comics, 2011.

20. Jean-Paul Gabilliet, *Des comics et des hommes*, *op. cit.*

Des légendes porteuses d'un sous-texte

21. Rick Remender, John Cassaday et Olivier Coipel, *Uncanny Avengers*, tome 1, Saint-Laurent-du-Var, Panini Comics, 2014.

22. Jean-Philippe Zanco, *La Société des super-héros*, Paris, Ellipses, 2012.

23. Erving Goffman, *Stigmate. Les usages sociaux du handicap*, Paris, Éditions de Minuit, 1963 pour la 1re édition.

24. *Ibid.*

25. Chris Claremont et Brent Eric Anderson, *X-Men : God Loves, Man Kills*, New York, Marvel Comics, 1982. En VF, X-Men. *Dieu crée, l'homme détruit*, Lyon, Lug, Cop, 1984.

26. Erving Goffman, *Stigmate*, *op. cit.*

27. Howard S. Becker, *Outsiders. Études de la sociologie de la déviance*, Paris, Métailié, 1985.

28. http://www.lby3.com/wir/

29. Ta-Nehisi Coates, Brian Stelfreeze et Chris Sprouse, *La Panthère noire*, Nice, Panini Comics, 2017, 2 tomes.

30. G. Willow Wilson et Adrian Alphona, *Miss Marvel*, Saint-Laurent-du-Var, Panini Comics, 2015, 5 tomes.

31. Jody Houser, Francis Portela et Marguerite Sauvage, *Faith*, Bordeaux, Bliss Comics, 2017.

32. Ryan North et Erica Henderson, *Écureuillette contre l'univers Marvel*, Nice, Panini Comics, 2017.

33. Anaïs Orieul, « Diversité dans les comics : il est où le problème ? », http://www.terrafemina.com, 19 avril 2017.

Des super-héros mondialisés ?

34. Interview de Xavier Fournier par l'auteur, 23 décembre 2014.

35. Serge Lehman et Stéphane Créty, *Masqué*, Paris, Delcourt, 2011-2013, 4 tomes.

36. Interview de Serge Lehman par l'auteur.

37. Intégrale aux éditions de l'Atalante (Nantes).

38. Paris, Delcourt, 2015, 3 tomes.

39. Interview de Serge Lehman par l'auteur.

40. Paris, Delcourt, 2009, 4 tomes.

41. Interviewé par David Fakrikian dans *Première*, hors-série n° 3, mai-juin 2017.

III
Les fondations d'un nouveau panthéon

Du plaisir ludique au phénomène cathartique

1. Interview réalisée par l'auteur pour l'article « Chris Claremont, X-Treme Man », *Les Inrockuptibles*, février 2017.

2. *Vies et morts des super-héros*, *op. cit.*

3. Alan Moore et Gene Ha, *Top 10. L'intégrale*, Paris, Urban Comics, 2015.

4. Alan Moore, Joe Bennett, Rick Veitch *et al.*, *Supreme*, Paris, Delcourt 2004-2009, 2 tomes.

5. Tony Anatrella, « Les “adulescents” », *Études*, n° 7, tome 399, 2003.

6. Edgar Morin, *L'Esprit du temps, op. cit.*

7. Réplique de Tancredi Falconeri, interprété par Alain Delon, dans *Le Guépard* de Luchino Visconti.

8. Homonyme du premier crossover Marvel, de 1984.

9. Urban-comics.com/dc-rebirth-arrive-en-france/

10. Umberto Eco, *De Superman au surhomme, op. cit.*

11. Dan Jurgens, Jerry Ordway, Louise Simonson *et al.*, *La Mort de Superman*, tome 1, Paris, Urban Comics, 2013.

12. Edgar Morin, *L'Esprit du temps, op. cit.*

Du mythe au modèle identificatoire

13. « I wish *Wonder Woman* were as feminist as it thinks it is », Slate.com, 2 juin 2017.

14. « Wonder Woman review – glass ceiling still intact as Gal Gadot reduced to weaponised Smurfette », *The Guardian*, 30 mai 2017.

15. « Captain America #25 », dans *Civil War*, tome 3, Saint-Laurent-du-Var, Panini France, 2008.

16. Déclaration faite au *Daily News*, 9 mars 2007.

17. Joe Simon et Steve Saffel, *My Life in Comics*, Londres, Titan Books, 2011.

18. Paul Dini et Eduardo Risso, *Dark Knight. Une histoire vraie*, Paris, Urban Comics, 2017.

19. *Ibid.*

20. Edgar Morin, *L'Esprit du temps*, *op. cit.*

21. Sondage réalisé les 23 et 24 décembre 2015 auprès d'un échantillon représentatif de 1 042 personnes interrogées par Internet pour le journal *Le Parisien*, Paris, 1er janvier 2016.

22. Isaure Hiace, « Real Life Super Heroes Project : des super-héros ordinaires ? », Lesinrocks.com, 28 mars 2013.

23. Pour le site Comixbox.com. Interview reprise dans *Super-héros, une histoire française*, *op. cit.*

Nietzsche au scénario ?

24. *Miracleman*, Saint-Laurent-du-Var, Panini Comics, 2014-2016.

25. Alex Ross, Jim Krueger et John Paul Leon, *Earth X*, Saint-Laurent-du-Var, Panini Comics, 2013.

26. Dans l'émission *Philosophie*, Arte, 8 septembre 2013.

27. Alan Moore, Curt Swan, Dave Gibbons et Rick Veitch, *Les Derniers Jours de Superman*, Paris, Urban Comics, 2016.

28. Par John Byrne avec la mini-série *Man of Steel.*

29. Dans l'émission *Philosophie*, Arte, 8 septembre 2013.

30. Peter Pütz, introduction à *Ainsi parlait Zarathoustra*, dans *Friedrich Nietzsche. Œuvres*, Paris, Robert Laffont, coll. « Bouquins », 1993.

31. Collectif, catalogue *L'Art de DC. L'aube des super-héros*, Paris, Art ludique / Le Musée, 2017.

32. Christophe Beney, Tristan Garcia, Dan Hassler-Forest *et al.*, *Vies et morts des super-héros*, *op. cit.*

33. Umberto Eco, *De Superman au surhomme*, *op. cit.*

Humains, après tout ?

34. Tom King et Gabriel Walta, *La Vision*, Nice, Panini Comics, 2016-2017, 2 tomes.

35. Edgar Morin, *L'Esprit du temps*, *op. cit.*

36. *Ibid.*

37. Luc Ferry, *Mythologie et philosophie*, Paris, Plon / Le Figaro, 2016.

38. À lire dans Jim Steranko, Roy Thomas et Archie Goodwin, *Nick Fury agent du SHIELD, L'Intégrale 1967-1968*, Nice, Panini Comics, 2016.

39. Le scénario est encore plus pervers puisque l'enfant et le père… sont la même personne.

40. Tony Émeriau et Xav, *Sticky Pants*, Ivry-sur-Seine, Monsieur Popcorn, 2014-2015, 3 tomes.

41. « Le Dojo de Jodo : la vie sexuelle de Superman », *Métal hurlant*, n° 116, mai 1985.

42. « La vie sexuelle de l'homme élastique », *Métal hurlant*, n° 124, octobre 1986.

43. Marco Mancassola, *La Vie sexuelle des super-héros*, Paris, Gallimard, 2011.

44. Thierry Rogel, *Sociologie des super-héros*, *op. cit.*

45. Claude Lévi-Strauss, *Mythologiques 1. Le Cru et le Cuit*, Paris, Plon, 1964 pour la 1re éd.

46. Comme les scénaristes l'ont beaucoup utilisée, ils ont inventé des kryptonites d'autres couleurs.

47. Dennis O'Neil et Curt Swan, *Adieu Kryptonite*, Paris, Urban Comics, 2016.

48. Créée par Noah Hawley pour la chaîne américaine FX, 10 épisodes.

49. Brian K. Vaughan et Adrian Alphona, *Les Fugitifs*, Saint-Laurent-du-Var, Marvel France, 2004, 5 tomes.

50. Réalisé par Sam Raimi.

51. Christophe Beney, Tristan Garcia, Dan Hassler, Forest *et al.*, *Vies et morts des super-héros*, *op. cit.*

52. Max Weber, *Le Savant et le Politique*, nouvelle trad. de Catherine Colliot-Thélène, Paris, La Découverte, 2003.

53. Voir ci-dessus *Vies et morts des super-héros*, *op. cit.*

54. Voir 1re partie, chapitre 2, « La justice, notion élastique ».

55. Max Weber, *Le Savant et le Politique*, *op. cit.*

56. Mark Millar et Steve McNiven, *Civil War*, tome 1, Nice, Panini Comics, 2016.

57. J. Michael Straczynski et Joe Quesada, *Spider-Man. Un jour de plus*, Saint-Laurent-du-Var, Panini Comics, 2011.

Conclusion

58. Joseph Campbell, *Le Héros aux mille et un visages*, Paris, Robert Laffont, 1977.

59. Vente aux enchères réalisée en 2014.

Dans la même collection

La Dictature de la transparence, Mazarine Pingeot, 2016
Les journalistes se slashent pour mourir, Lauren Malka, 2016
« Couvrez ce sein… », Hubert Prolongeau, 2017
La Démocratie sans maîtres, Matthieu Niango, 2017
Désir d'Ikea, Samuel Doux, 2017

Composition et mise en pages
Nord Compo à Villeneuve-d'Ascq

Imprimé en France

N°: 4550414326417

Dépôt légal: 10/2017